PETER A. BISCHOF

Nachdem es morgens dunkel blieb

AF140592

Peter A. Bischof

Nachdem es morgens dunkel blieb

Tagebuch-Aufzeichnungen
über den Klinikaufenthalt
eines Herz-OP-Patienten

Die Bibliografische Information der Deutschen Bibliothek

Die Deutsche Bibliothek verzeichnet diese Publikation in der Deutschen Nationalbibliografie; detaillierte bibliografische Daten sind im Internet über www. d-nb. de abrufbar.

Einbandabbildung: © Mopic | fotolia.com

Herstellung und Verlag: Books on Demand GmbH, Norderstedt
© 2015 Peter A. Bischof
ISBN 978-3-7347-8952-6

Gefühle & Gedanken – zwei Tage vor der OP

Verbissen klammert sich der Mensch
fest an sein bisschen Leben,

verständlich, glaubt er doch von sich,
er müsst noch so viel geben,

doch klopft Gevatter Tod dann an,
schon im Zenit des Lebens,

zieht senseschwingend seine Bahn,
ist auch der Ärzte Kunst vergebens.

Die Zeit, die dir das Leben gab,
weißt du, was sie bedeutet?

Wohl nicht, denn meistens hast du sie,
gedankenlos vergeudet.

Kein Jammern drum,
kein Klagen und kein Haareraufen,
begreif, Mensch, deine Zeit ist um,
des Lebens Sanduhr abgelaufen.

Peter A. Bischof, 2013

Früher Freitagabend, etwa 18.30 Uhr, es klingelt Sturm.
Ich haste aus dem Garten, denn gerade bin ich beim Tomatenpflanzengießen, über die Terrasse durch das Wohnzimmer an die Haustür und öffne meinem Schwager, der seine
Lebensgefährtin im Schlepptau hat. Ich bitte sie herein und
wir begrüßen uns ausgiebig, denn wir haben uns in den
letzten 50 Jahren schätzen gelernt und verstehen uns daher
prächtig. Wir setzen uns und ich frage, ob etwas zu trinken
angenehm sei. Ach, sagt sie, ein Glas Mineralwasser sei bei
dieser Hitze nicht verkehrt – aber bitte nicht zu kalt. Dann
die obligatorische Frage an meinen Schwager: und du? Er
schaut mich an, grinst und gedankenschnell frage ich: Wer
fährt denn heute? Sein Grinsen wird breiter, er deutet auf
seine Lebensgefährtin und meint: Moi Schätzl fährt haid!

Na ja, dann weiß ich ja Bescheid und schlappe in die
Garage, in der immer ein wohlbestückter 240-Liter-Kühlschrank steht, denn ich möchte das Risiko, dass einer meiner Gäste in unserem Hause dehydriert und gesundheitliche Schäden erleidet, nicht eingehen. Also schnappe ich
mir eine Flasche Mineralwasser – garagenkalt – und zwei
Flaschen Bier aus dem Kühlschrank. Richtiges Bier, denn
mein Schwager und ich gehören zu den letzten Veteranen,
die mit *Eichbaum Export* den wahren Biergenuss verbinden. Also alles hochgetragen, an den Mann bzw. die Frau
gebracht und zugeprostet.

Is moi Schwesterherz nidd do?, fragt mich mein Schwager. Nein, entgegne ich, vor 24.00 Uhr ist die bestimmt
auch nicht zuhause, die ist mit ihren ehemaligen Arbeitskolleginnen unterwegs. Dann plätschert unsere Unterhaltung so dahin, über die Garage, die er mit mir noch auszuräumen gedenkt, und darüber, dass ihm sein Augenarzt

geraten habe, schleunigst die Augenklinik aufzusuchen, weil er eine Art Schleier auf dem einen Auge festgestellt habe. Ich rate ihm, das nicht auf die lange Bank zu schieben und sich darum zu kümmern. Urplötzlich kommt mir der Gedanke und ich frage ihn, ob wir morgen nicht miteinander grillen sollten. Ach ja, sagt er, Rollbraten hatten wir schon lange Zeit keinen mehr. Er schaut sein Schätzl an: Na, was meinst du? Und die meint erst einmal gar nichts, zieht ein wenig eine Brutsche und scheint nicht sonderlich angetan zu sein von meinem Vorschlag. Ich versuche abzuschwächen und erkläre: Ich hole das Fleisch, mache den Rollbraten, den Kartoffelsalat – du deinen Bohnensalat, dein Schatz grillt und der Käse ist gegessen.

Noch immer kein positiver Blick. Ihr könnt ja zuhause noch einmal darüber reden; ich rufe später dann noch einmal an, sage ich zu meinem Schwager. Der meint, das sei O. K.; sein Schätzl drängelt zum Aufbruch, und so schnell, wie sie gekommen waren, sind sie auch wieder entschwunden.

Ich gönne mir noch das eine oder andere Bier, rufe ihn ca. 2 Stunden später an. Er meldet sich mit: »*What shall we do with the drunken sailor*« und das sagt mir, dass er gut drauf ist, und ich frage ihn: Na, wie sieht's aus, ja oder ja? Und er antwortet: Ja, so gegen 18.00 Uhr sollen wir morgen Abend einlaufen.

Gut, gebongt, antworte ich, ich besorge morgen früh das Fleisch im Schlachthof bei Georg, mache den Rollbraten fertig und wir bringen ihn mit dem Kartoffelsalat gegen 16.00 Uhr raus zu euch. Wenn du ihn um 17.30 Uhr auf den Spieß schiebst, ist er gegen 19.30 Uhr gar und es kann losgehen.

Wir legen auf, ich schalte das Fernsehgerät aus, schiebe eine Merle-Haggard-CD in den Player, trinke mein Bier und warte in aller Ruhe auf meine bessere Hälfte. Als die schließlich gegen 00.35 Uhr eintrudelt, unterhalten wir uns noch kurz und krabbeln dann in die Betten.

SAMSTAG, 27.07.2013

09.30 Uhr, ich telefoniere noch einmal mit meinem Schwager wegen des Rollbratens, lege auf und schaue nach, ob ich alles für die Füllung dahabe: Zwiebeln, geräucherten Bauchspeck, Senf, Ingwer, Knoblauch, Thymian, Porree, Zitronenmelisse und Knollensellerie. Dann ist es schon Zeit, ich sage meiner Frau, dass ich jetzt fahre und das Fleisch im Schlachthof abhole. Georg hat mir wirklich ein schönes Stück Schweine-Karree pariert, wir unterhalten uns kurz und ich mache mich wieder auf den Heimweg.

Wieder zuhause angekommen, schäle und schnipple ich die noch heißen Pellkartoffeln, hebe kross gebratenen Bauchspeck und Zwiebelwürfel unter und schmecke die Kartoffeln mit Pfeffer, Salz, Muskat, Estragonessig, Sonnenblumenöl und einer kräftigen Fleischbrühe ab. Bevor mein guter Geist zum Einkaufen wegfährt, will ich, dass sie vorher testet. Sie verzieht genüsslich ihr (noch immer schönes) Gesicht und sagt: Gut wie immer, und geht einkaufen.

Ich richte das Tranchierbrett auf dem Tisch, schneide eine doppelte Tasche in das Fleisch, das nun daliegt wie ein aufgeklapptes Buch, bestreiche dann wie immer die Innenseite mit Senf, würze mit Arrabiata, Salz, fein gemahlenem Langpfeffer, Koriander, Piment, Paprika, klein gewürfeltem Ingwer und mit Salz zerriebenem Knoblauch. Ich belege die Innenseite mit fein geschnittenem Porree, frischem Thymian, fein gehackten Liebstöckelblättern, Zitronenmelisse, Ysop, Zwiebelringen und Bauchspeckwür-

11

feln, rolle das Ganze zusammen und binde einen schönen Rollbraten. Würze ihn dann kräftig von außen, allerdings ohne Salz, stecke ihn in ein Stück Bratenschlauch, nudle das Ganze wie ein Bonbon zu und stelle es in den Kühlschrank. Das Werk ist vollbracht, die Sauerei macht mein guter Geist weg, wenn er wieder da ist.

Nachdem meine Frau die Küche wieder salonfähig gemacht hat, fährt sie auf den Friedhof und bringt auf dem Hinweg ihrem Bruder das Fleisch, denn gegrillt wird ja heute Abend bei ihm.

Sie ist noch keine fünf Minuten aus dem Haus, da klingelt es draußen und Gerd steht vor der Tür. Ich bitte ihn herein und frage, ob er etwas zu trinken möchte. Ach ja, ein Glas Wasser wäre okay, meint er – kriegt er natürlich. Er ist nur gekommen, um mir zu sagen, dass er nächste Woche zur ersten Leseprobe wieder da sei – sie würden morgen früh wegfahren. Wir gehen noch einmal die Rollenverteilung miteinander durch, er schnappt sich sein Rollenbuch, und weg ist er.

Kurze Zeit später, eine halbe Stunde vielleicht, beehren mich Klaus und Angelika. Sie wollen mit meiner Frau noch mal einiges wegen des Grillfestes durchsprechen. Ich frage Klaus, was sie heute Abend so vorhaben – er sagt: Niggs, relaxen. Wir sind heute Abend in eurer Nachbarschaft bei Bernd, bemerke ich und – so ganz nebenbei: Wenn ihr doch nichts vorhabt, könnt ihr ja mal vorbeischauen. Mein Freund gibt mir durch ein Nicken, ohne dass es seine Frau bemerkt, eine Zusage. Dann gehen beide wieder, er mit einem vielsagenden Grinsen im Gesicht

Der Rest des Nachmittags verläuft wie immer, im Garten wurschteln, Kaffee trinken, *SWR 1 Stadion* hören usw. usw. – aber alles ohne Stress und irgendwelche Anstrengungen.

Um 17.30 Uhr fahren wir zum Schwager, richten alles für die große Völlerei her und nach einer guten Stunde zieht der würzige Duft von gegrilltem Rollbraten durch die ganze Hofreite. Den Tisch hat er mit seinem Schätzl optimal hergerichtet, wir machen es uns bequem, genießen einen hervorragenden Rollbraten mit leckeren Dips und Beilagen inklusive kaltem Bier und Weinschorle in entspannter Atmosphäre. Dann tauchen doch noch Klaus und Angelika auf, Essen und Trinken lassen nichts zu wünschen übrig, denn es ist ja noch genügend vorhanden. Nach ein paar Stunden bei bester Stimmung verabschieden wir uns gegen 00.30 Uhr, fahren nach Hause und gehen müde gebabbelt ins Bett.

SONNTAG, 28.07.2013

02.35 Uhr, ich wache auf und gehe zur Toilette – ich schätze immer die Uhrzeit, wenn ich nachts aufwache, und heute habe ich mich nur um 20 Minuten verschätzt. Ich weiß das, weil ich mich immer auf der Uhr am Elektroherd kontrolliere. Ich wasche mir die Hände und gehe wieder ins Bett. Schlafe wieder ein, bis mich ein diffuses Gefühl gegen 06.25 Uhr aufwachen lässt. Ich öffne die Augen und denke: Irgendetwas ist heute Morgen anders – vielleicht sind die Augen aber auch noch verklebt. Ich mache mir in diesem Moment eigentlich keinen Kopf und dusele noch einmal ein, werde aber kurz vor 07.00 Uhr wieder wach, schaue an die Zimmerdecke – und der rechte Teil bleibt dunkel. Ich schließe die Augen wieder, wiederhole das 4- bis 5-mal, aber es ändert nichts an der Tatsache, dass der rechte Teil der Decke dunkel bleibt. Meine Frau wacht auf, sieht mich halb sitzend, halb liegend im Bett und fragt: Is was? Ich verneine und schlafe noch ein bisschen weiter

13

– was sie dann auch tut. Mir läuft es aber heiß und kalt den Rücken hinunter, ich stehe auf, gehe ins Bad an den Spiegel und es ist nichts mehr, wie es heute Morgen gegen 02.30 Uhr noch war. Ich stelle fest, dass ich auf dem rechten Auge nichts mehr sehe, es bleibt dunkel, schwarz – und ich begreife in diesem Moment erst: Ich bin auf dem rechten Auge blind. Ich gehe ganz leise wieder ins Schlafzimmer, lege mich hin, eigentlich ohne jedwede Emotion, und denke: So eine Scheiße – hat sich die Netzhaut, wie vor 32 Jahren schon einmal, wieder abgelöst. Dadurch entstand damals eine Schädigung an der zentralen Sehschärfe, die aber ein weiteres räumliches Sehen zuließ. Ich sitze im Bett, sinniere vor mich hin, bis meine Frau, die inzwischen wach ist, sagt: Was ist denn? Du hast doch etwas, was ist denn los?

Ich schaue sie an und sage: Ich bin auf dem rechten Auge blind, und ziemlich unwirsch antwortet sie: Mit solchen Sachen macht man keinen Spaß. Als ich ihr ganz langsam und mit fester Stimme sage: Mama, wenn ich dir sage, ich bin auf dem rechten Auge blind, dann bin ich das, schaut sie mich an und begreift, es ist etwas passiert. Wir stehen auf, machen uns frisch und ich sage ihr, dass ich morgen früh gleich zum Augenarzt gehen werde. Sie drängelt jedoch und will, dass ich umgehend den ärztlichen Augennotdienst anrufe. Um 08.30 Uhr rufe ich in Bensheim an und der Anrufbeantworter gibt Auskunft darüber, dass der Notdienst erst ab 10.00 Uhr erreichbar ist. Wir frühstücken und gegen 09.55 Uhr rufe ich dann noch mal an. Es meldet sich ein Herr Dr. Groh und ich schildere ihm die Situation und dass wir jetzt gleich zu ihm nach Bensheim fahren wollen. Er unterbricht mich und sagt: Herr Bischof, fahren Sie unverzüglich in die Augenklinik nach Mannheim – ich vermute einen Augeninfarkt, so etwas muss schnellstmöglich behandelt werden. Ich schaue mir das natürlich gerne an, aber Sie verschenken kostbare Zeit, wenn Sie nach Bensheim fahren. Ich bitte Sie nochmals – fahren Sie sofort in die Augenklinik. Ich lege auf und denke: Also fahren wir eben in die Augenklinik – meine Frau fährt, um 10.30 sind wir in der Notaufnahme der Augenklinik und ca. 20 Minuten später hat mich eine junge farbige Augenärztin – eine Frau Dr. Kon-Fellh. – vor der Apparatur sitzen. Sie tropft das Auge, schaut es sich an und legt mir, ohne viel zu fragen oder zu sagen, eine Infusionsnadel und veranlasst, dass umgehend ein Infusionsbeutel angeschlossen wird. Dann erklärt sie mir: Sie haben einen Augeninfarkt erlitten, den man unbedingt und sofort mit Blutverdünnungsmittel behandeln muss, um eine eventuelle weitere Thrombusbildung im Blut zu vermeiden. Dafür seien jedoch 5 Tage Aufenthalt in der Augenklinik Voraussetzung.

Das ist erst einmal ein Schlag auf den Kopf. Ich werde aufs Zimmer gebracht und denke: Da man sich nun um mich kümmert, wird schon wieder alles werden. Meine Frau fährt wieder nach Hause und bringt eine Stunde später, mit unserer Tochter im Schlepptau, die sie gleich informiert hat, Schlafanzug etc. etc., da wir ja nichts dabeihatten. Als sie wieder gehen, sind wir zwar etwas geknickt, aber doch guter Dinge. Ich bekomme gegen 18.15 Uhr Nachtessen und anschließend gleich einen zweiten Beutel Infusionsflüssigkeit angeschlossen. Schließlich schlafe ich trotz wirrer Gedanken irgendwann ein, wahrscheinlich auch beschleunigt durch die Infusion, die ich anhängen habe.

Auf der Station der Augenklinik verbringe ich eine unruhige Nacht ohne viel Schlaf mit Grübeln, allerlei anderen Gedanken und nicht sonderlich schönen Vorstellungen. Ich bin doch ein bisschen durcheinander, weil ich 5 Tage dableiben soll. Dann, gegen 08.30 Uhr, werde ich zur Untersuchung abgeholt. Die Augen müssen 3 x getropft werden, weil die Pupillen zu eng sind und nicht schnell genug weit genug aufgehen. Das dauert alles insgesamt 35 Minuten, dann sitze ich endlich vor dem Gerät. Erst 2, dann 3 Ärzte begutachten beide Augen. Schließlich kommt der zuständige Professor Li., schaut sich ebenfalls alles an, und nach einer kurzen Besprechung unter den 4 Ärzten teilt man mir mit, dass eine Ultraschalluntersuchung der Halsschlagadern und des Herzens unbedingt notwendig ist und dass diese bei den Internisten sofort angemeldet und heute noch durchgeführt werde. Es liege ein Verschluss der Arterie vor, die die Netzhaut mit Blut versorgt. Diese Untersuchungen seien dringend erforderlich, um herauszufinden, wo dieser Thrombus, der die Arterie verschlossen hat, herkommt und was dafür ursächlich sein könnte.

2 Stunden später werde ich mitsamt dem Bett durch das halbe Krankenhaus geschoben. Mein guter Geist läuft tapfer neben uns her und hält meine Hand. Zuerst die Ultraschalluntersuchung der beiden Halsschlagadern, und der untersuchende Arzt stellt fest, sie seien nur minimal verkalkt, für mein Alter in einem durchaus guten Zustand. Eine solche Aussage gibt natürlich Hoffnung. Dann geht es weiter in die nächste Station zur transosophagealen Echokardiographie, für jeden verständlich: zur Echo-Schluckuntersuchung (med. TEE) des Herzens. 3 Ärztinnen oder

auch Schwestern (man kann eigentlich gar nicht sagen, ob ein weißer Kittel oder ein blauer Anzug die Garantie dafür sind, dass man einen Arzt oder eine Ärztin vor sich hat) erwarten mich. Eine knappe Erklärung, wie das alles vonstatten geht, und schon geht es los. Die Mundhöhle wird mit einem Betäubungsspray eingesprüht, man legt mir einen Beißring, eigentlich ist es ja eine Maulsperre, an, damit ich nicht auf den Schlauch beißen kann (wäre eh nicht gegangen, denn die Zahnprothesen sind ja schon rausgenommen worden), dann erscheint der diensthabende Internist, nuschelt kurz und unverständlich seinen Namen in den Bart, schiebt mir den Schlauch (ca. 1 ½ cm dick, schätze ich) durch die Speiseröhre bis an den Mageneingang. Es folgen sehr unangenehme 35 Minuten und ich höre andauernd medizinische Ausdrücke, die ich nicht verstehe und in denen sich die vier Anwesenden mitteilen oder mutmaßen.

Eine vorläufige Diagnose höre ich dann doch heraus: eine verdickte oder auch entzündete Mitral-Herzklappe. Auf meine Frage, was dies denn nun für mich bedeute, denn es gehe mir, bis auf mein Auge, doch gut, folgt eine knappe und für mich niederschmetternde Antwort: Sofortige Verlegung auf die Intensivstation, 4 bis 6 Wochen Klinikaufenthalt mit täglichen Infusionen zur Bekämpfung der Entzündung an der Herzklappe – medizinisch *Endokarditis*. Sollte sich nach diesem Zeitraum keine Besserung einstellen, was immer damit auch gemeint ist, würde man mich eventuell nach Heidelberg verlegen und dort eine neue Herzklappe einsetzen; und der Arzt veranlasst eine sofortige Verlegung von der Augenklinik auf die Intensivstation. In diesem Moment glaube ich, man hätte mir einen Hammer auf den Kopf geschlagen. Gleich darauf werde ich wieder auf den Gang geschoben und mein guter Geist sieht mir sofort an: Da geht etwas nach hinten los. In meinem Kopf dreht sich alles, ich glaube, mein Blick ist so voll wie eine leere Keksdose, ich kann nicht mehr an mich halten und die Tränen laufen mir geradeso die Wangen herunter.

Auf der Intensivstation werden mir sofort eine Infusion und ich weiß gar nicht wie viele Schläuche angeschlossen, viermal Blut entnommen, und mein guter Geist versucht mich aufzurichten, denn meine Frau ist mental viel stärker ist als ich. Das gelingt aber auch ihr an diesem Montag nicht.

Als sie dann schließlich gegangen und Abendessen angesagt ist, bringe ich nur eine Scheibe Vollkornbrot und eine Tasse Pfefferminztee hinunter. Um 18.30 Uhr kommt eine Schwester, nimmt noch einmal Blut ab und gibt mir eine sogenannte Bauchspritze. Auf meine Frage, was eine solche Spritze bewirkt, sagt sie mir, die solle eine eventuelle weitere Thrombosebildung verhindern, sie würde das Blut verdünnen.

An diesem Montagabend schießen mir zig Gedanken durch den Kopf und alles erscheint mir irgendwie unwirklich.

Auch in dieser Nacht mache ich fast kein Auge zu, schlafe dann aber doch – trotz laut laufender Klimaanlage – irgendwann ein.

DIENSTAG, 30.07.2013

Eine weitere Nacht im Krankenhaus, diesmal auf der Intensivstation, in der ich fast kein Auge zumache, bedingt durch die vielen Gedanken, die mir durch den Kopf gehen, die Kabel, die an mir herumhängen, und die geräuschvolle Klimaanlage im Zimmer.

06.00 Uhr – die Schwester kommt die Infusionsflasche tauschen, um 06.30 kommt das Frühstück: 1 Tasse Muckefuck (*Kaffee Hag*), 1 Roggenbrötchen, Butter, Honig, je 20 Gr., Müsli und 1 Becher Naturjoghurt. Gegen 09.00 Uhr werde ich im Rollstuhl in die Augenklinik gefahren, wo mir Professor Li. eröffnet, dass das Augenlicht am betroffenen rechten Auge verloren ist. Er erklärt mir: Wenn die Netzhaut länger als 90 Minuten nicht mit Blut durch die Arterie versorgt wird, sterben die Zellen ab und die Sehkraft ist ein für alle Mal verloren. Diese Mitteilung hat mich natürlich außerordentlich aufgerichtet, und mit einem Gefühl der inneren Leere werde ich wieder zurück aufs Zimmer gefahren.

MITTWOCH, 31.07.2013

Endlich einmal besser geschlafen, da ich darum gebeten habe, die Klimaanlage abzuschalten.

06.20, Uhr das Vitalfrühstück kommt wie bestellt. 1 Roggenbrötchen, je 20 Gr. Honig, Butter, 1 Natur-Joghurt, 1 Müsli, 1 Apfel und eine Tasse *Kaffee Hag*.

Um 07.00 Uhr kommt die Schwester, schließt die erste Infusionsflasche an, eine gute halbe Stunde später die zweite. Mein guter Geist ruft an und fragt mich, wieso ich mich gestern Abend nicht mehr gemeldet hätte und ob es mittlerweile Neuigkeiten gibt. Nein, sag ich ihr, keine, noch immer alter Stand, es liegen noch keine Laborergebnisse vor.

09.10 Uhr, eine Ärztin im weißen Kittel und ein Arzt (?) im blauen Anzug erklären mir, ich hätte eine entzündete Herzklappe. Diese Entzündung sei durch Bakterien oder

19

Keime, die sich im Blut befänden, ausgelöst worden. Man müsse versuchen, eine solche Herzklappenentzündung über vier bis sechs Wochen mit einem Antibiotikum, das über die Vene verabreicht werde, in den Griff zu bekommen. Deshalb noch einmal Blut abgenommen, das 6. Mal seit Montagmorgen, um weitere Blutkulturen anzulegen und festzustellen, welche Bakterien oder Keime sich darin bilden, wie mir die Ärztin Dr. Kra. erklärt.

Da diese Infusionen nicht unbedingt auf der Intensivstation gemacht werden müssen, verlegt man mich gegen 11.00 Uhr ins Haus 16 – innere Medizin – in ein Vierbettzimmer. Dort wird ein gewisser Albtraum beginnen …

DONNERSTAG, 01.08.2013

Ich bin mehr oder weniger ausgeschlafen, und nachdem ich über die Diagnose, die mir eigentlich wieder alle Hoffnung genommen hat, des Kardiologen von gestern nachgedacht habe, kommt um 06.45 Uhr die Schwester und legt die Infusionen. Dann kommt mein Vitalfrühstück (welch ein Hohn – ich bin ja momentan soooooo vital): 1 Vollkornbrötchen, eine ¾ Tasse *Kaffee Hag*, 1 x Honig, 1 x Margarine, 1 x Müsli und ein Naturjoghurt 1,5 %; danach Blutentnahme.

Dann Visite vom Stationsarzt der 16.3, und der spricht nun wieder von einer Entzündung der Herzklappe, wie man ihm mitgeteilt habe, von der man nicht wisse, wodurch sie verursacht worden sei. Aus diesem Grund hätte man so viel Blut abgenommen, um im Labor feststellen zu lassen, ob eine bakterielle oder eine durch einen Keim verursachte Entzündung vorliege. Aber solange noch keine Ergebnisse vorlägen, müsse man weiterhin über die Vene Antibiotika verabreichen. Der Ausgang sei jedoch ungewiss und deshalb würde man das medizinisch Ungünstigste annehmen und prophylaktisch täglich 4 bis 6 Infusionen setzen. Im übrigen meine der Kardiologe der ambulanten Kardiologie, die Aorta-Herzklappe erscheine ihm zu eng, und deshalb sei eine nochmalige Schluckuntersuchung (TEE) durch die Speiseröhre erforderlich.

Ich sage ihm, dass diese Untersuchung für mich das kleinere Übel sei, und schöpfe wieder Zuversicht – aber wie lange? Denn die 5 Tage, die ich jetzt hier bin, lösen eine Achterbahn der Gefühle bei mir aus – 5 Ärzte, 4 Diagnosen oder besser gesagt Meinungen, wie immer man dies auch bewerten will. Sie heben mich einmal hoch, die Götter in Weiß, um mich beim nächsten Gespräch wieder ins Bodenlose fallen zu lassen.

Gegen 12.00 Uhr gibt es vegetarisches Mittagessen, Pasta und Soße – der Hunger treibt's hinein und ich versuche anschließend etwas zu schlafen. Geht aber nicht, mit 4 Leuten auf einem Zimmer und einer geschätzten Zimmertemperatur von 26 Grad, denn eine Klimaanlage sucht man in diesen großen Zimmern vergeblich.

Und dann steht auf einmal mein Partner Peter an meinem Bett und ich muss mich beherrschen, dass ich nicht anfange zu weinen. Während wir uns unterhalten, ruft mein Sohn aus Amerika an – er möchte noch mal mit mir reden, bevor er mit Frau und Tochter nach San Francisco fliegt, um ein paar Tage Urlaub zu machen. Als ich dann auch noch meine Enkeltochter ans Telefon kriege, macht mir das mental enorme Schwierigkeiten, aber ich beherrsche mich und gebe mir vor meinem Partner keine Blöße. Ich sage meinem Sohn, er solle seinen Urlaub mit der Familie genießen und sich keine Sorgen machen – ich würde mir auch keine machen. Ich glaube, das war das erste Mal, dass ich meinen Sohn belogen habe.

Dann kommt Sonnenschein ins Zimmer, mein guter Geist, meine Tochter und zwei meiner 4 Enkel. Partner Peter verabschiedet sich und wir haben ausgemacht, sollte ich wieder auf die Beine kommen, schreiben wir uns noch einmal ein Programm MundARTisch auf den Leib.

Die Enkel zu sehen und im Arm zu haben wühlt mich auf, doch ich kann das sehr gut überspielen.

15.45 Uhr, und ich bekomme die zweite Infusion (immer 2 Flaschen) gesetzt und meine Tochter erklärt der Schwester, sie möchte den Stationsarzt sprechen, um endlich einmal über den aktuellen Stand der Dinge informiert zu werden – aber Pech, der Herr Doktor hat heute keine Zeit. Sie sagt, sie würde sich einen Termin geben lassen, und nach 1 ½ Stunden Familienbesuch bin ich wieder alleine.

Kurz darauf erscheint die Schwester und setzt die alltägliche Thrombosespritze. Ich lege mich ins Bett und schalte den Fernseher ein, den jeder Patient individuell über seinem Bett installiert hat und der nur mit Kopfhörer einen Ton von sich gibt. Ich schaue von 18.00 Uhr bis 22.30 Uhr Fußball, bis die Nachtschwester kommt, um die letzten beiden Infusionen für den heutigen Tag anzuschließen. Um 23.00 Uhr bin ich dann erlöst und schlafe, etwas beruhigter als gestern, ein.

FREITAG, 02.08.2013

Ich hatte eine unruhige Nacht, die Zimmertür stand wieder offen, das Ganglicht fiel herein und es war bis ca. 02.30 Uhr ziemlich laut, Patienten schrien und einer schien sich die Lunge aus dem Hals zu husten, denn die Husterei, mehr geröchelt als gehustet, schallte unzählige Mal durch die ganze Station 16.3.

07.00 Uhr, und die Schwester hängt mir die 1. Flasche an die Nadel, ich frage sie: Kann ich nicht endlich einmal duschen? Ich stinke wie ein alter Otter.

Sie verspricht mir, nach den Infusionen die Nadel zu ziehen, damit ich duschen gehen könne, hält ihr Wort und nach dem Frühstück kann ich mich seit Sonntag das erste Mal richtig waschen.

Kaum geduscht und rasiert, fühle ich mich viel wohler, und da kommt auch schon ein weißer Kittel mit Vollbart und will mir eine neue Infusionsnadel setzen. Den jungen Mann sehe ist das erste Mal und er braucht geschlagene 16 Minuten, bis er herausgefunden hat, in welche Ader er stechen will – die Augenärztin, die am Sonntag die Infusionsnadel gesetzt hatte, brauchte gerade einmal 30 Sekunden. Dann versucht er noch Arretierpflaster für die Nadel draufzumachen, um alles zu fixieren (ein Metzger hätte es wahrscheinlich besser hingekriegt), und ich brauche später eine Schwester, die das alles wieder wegmacht, um es dann ordentlich zu fixieren.

10.30 Uhr, und es erscheint der Stationsarzt zur Visite, fragt, wie es mir geht, und händigt mir die Einverständniserklärung für die Schluckuntersuchung (die laut dieser Erklärung nicht ungefährlich sein soll) am Montag oder Dienstag aus, sagt, ich solle nochmals alles gründlich durchlesen und vorne bei der Schwester abgeben. Sprachs und entschwindet nach zwei, drei Minuten zum nächsten Patienten. Ich habe gerade mit meiner Frau telefoniert, auch mit Sven, der mir verspricht, meinen Laptop zu prüfen, damit ich im Krankenhaus schreiben könne. Just als das Mittagessen kommt, werde ich von der Suppe weggeholt, runter auf die ambulante Kardiologie, um ein EKG machen zu lassen. Ich werde im Rollstuhl abgeholt, unten abgestellt und stehe geschlagene 25 Minuten auf dem Gang, bis ich drankomme. Dann, nach 7 Minuten im EKG-Raum, schiebt man mich wieder auf den Gang und ich habe anschließend gute 50 Minuten Gelegenheit zu erleben, dass dieser Gang fast so belebt ist wie eine Autobahn. Es rollt in einer Tour – Betten hin, Rollstühle her, Paketdienst, Kehrmaschine, Aktenwagen, Patienten mit ihren Unterlagen, Besucher und Ärzte aller Nationen – so viele Ärzte habe ich mein Lebtag noch nicht über einen Gang laufen sehen.

Dann werde ich, wie schon erwähnt, nach 50 Minuten abgeholt und wieder auf die 16.3 gefahren.

Mittlerweile ist das Essen kalt, aber ich habe Hunger und esse es deswegen trotzdem. Gegen 14.00 Uhr kommt mein guter Geist, bringt mir Schlafanzug, Handtücher, die ersten Tomaten aus unserem Garten und meinen Lieblingsjoghurt. Wir laufen ein paar Schritte rüber über den roten Steg, dann in die Aufenthaltshalle, setzen uns, trinken eine Cola, essen ein Eis am Stiel, quatschen noch ein bisschen miteinander und gegen 15.20 Uhr dränge ich sie, doch nach Hause zu fahren, und verspreche ihr, später noch mal anzurufen.

Nicht zu glauben, aber wieder einmal zu gleicher Zeit, was aber nicht geht, Nachtessen und Infusionen anschließen. Denn solange die Infusion läuft, kann man nicht essen, weil die Hand unten liegen bleiben muss. Aber der Saft will auch so nicht laufen und es braucht 3 Schwestern, die nacheinander versuchen, den Tropf zum Laufen zu bringen, die älteste schafft es schließlich. Nachdem die Infusionen beendet sind, hat sich aber Blut im Anschlussschlauch zurückgestaut und die Reste hängen nun im Tropfanschluß. Ich befürchte, dass das Blut bei dieser Hitze im Schlauch angetrocknet ist, und ich möchte vor der nächsten Infusion um 22.30 Uhr diesen Schlauch ausgetauscht haben, um zu verhindern, dass bei der nächsten Infusion eventuell trockene Blutklümpchen in die Adern gespült werden. Deshalb spreche ich um 17.25 Uhr den Stationsarzt an, der hat jedoch keinen Dienst mehr und verweist mich an die Schwestern, von denen momentan aber keine da ist.

Um 19.15 verabreicht mir die ältere Schwester die tägliche Thrombosespritze und erneuert den von mir reklamierten Anschluss für die Infusionsflasche. Dann schaue ich fern – kein Fußball heute, nur Krimis. Gegen 22.30 Uhr kommt die Nachtschwester und schließt nacheinander die beiden letzten Infusionen für heute an. Nachdem die erledigt sind, schalte ich nach dem Irene-Huss-Krimi den Fernseher ab und versuche zu schlafen, aber wieder hört man Patienten schreien, und das Hustenungeheuer treibt auch in dieser Nacht sein Unwesen und kotzt sich wahrscheinlich die Lunge aus dem Hals. Schließlich übermannt mich dann aber doch die Müdigkeit und ich schlafe ein.

SAMSTAG, 03.08.2013

Um 05.30 Uhr kommt die Nachtschwester und schließt die erste Infusionsflasche an, ich schlafe noch mal ein und merke gar nicht, wie sie auch die zweite Flasche anschließt und wieder abnimmt

Um 07.00 Uhr kommt eine andere Schwester, misst Temperatur (36.2) und Blutdruck (150/90). Puls heute Morgen unregelmäßig. Ich stehe auf, wasche mich, so gut es geht, und nehme die Tabletten ein, die man mir täglich auf dem Nachttisch platziert.

Um 08.30 Uhr Vitalfrühstück wie die letzten zwei Tage.

10.40 Uhr, ein Arzt mit blauem Turban und Vollbart

25

kommt zu dem ca. 1 Stunde vorher eingelieferten neuen Zimmergenossen, ein älterer Herr A., der zuhause bewusstlos geworden und gestürzt ist. Er befragt ihn in meiner Gegenwart, was für mich schon alleine wegen des Datenschutzes nicht in Ordnung ist, denn es wird, bis auf die Vermögensverhältnisse etc., vieles offen und für jeden Mitpatienten deutlich vernehmbar abgefragt.

Und wie aus heiterem Himmel steht auf einmal Robert vor meinem Bett. Das berührt mich sehr, aber ich versuche es nicht zu zeigen. Christel hat ihm das *Kicker*-Sonderheft für mich mitgegeben.

Wir gehen miteinander raus auf den roten Steg an der Straße, ratschen und unterhalten uns über dieses und jenes, gehen aber beizeiten wieder rein, und als gegen 12.00 Uhr das Mittagessen kommt, verabschiedet er sich und geht.

Kurz darauf ruft Ilse an und wir unterhalten uns rege. Gleich danach rufe ich meinen guten Geist zuhause an und wir halten noch einen kurzen Plausch. Mittlerweile ist es wieder bullig warm im Zimmer, ich schätze mal 25 bis 27 Grad.

Um 14.30 Uhr bringt eine Schwester die Infusionsflasche, schließt sie an und bringt sie auch nach mehrmaligem Versuch nicht zum Tropfen. So hängt sie die Flasche wieder ab, geht wieder und nimmt sie mit.

Der Rest des Samstags plätschert so dahin. Ich lege mich aufs Bett und schaue fern.

Kurz nach 22.00 Uhr kommt die Nachtschwester und hängt die Infusion an – heute Nacht nur eine, sagt sie noch. Nachdem sie 30 Minuten später die leere Flasche geholt hat, schalte ich den Fernseher ab und schlafe ein.

Nun schon der achte Tag und ich kann es kaum glauben. Um 06.20 wache ich von alleine auf, weil draußen auf dem Gang mächtig Unruhe ist.

Die Schwester scheint darauf nur gewartet zu haben, kommt und hängt die Infusion an – heute Morgen wieder nur eine Flasche. Nachdem diese leer getropft ist, kann ich frühstücken. Dann waschen, rasieren, und eine Schwester kommt, um Temperatur und Blutdruck zu messen.

Endlich mal eine junge, hübsche. 36.0 – 120/70/60: Werte, wie sie eigentlich besser nicht sein könnten, ohne vorher irgendwelche Tabletten geschluckt zu haben. Danach lege ich mich wieder hin und schlafe fest ein.

Der Mittagessenservice weckt mich gegen 12.00 Uhr auf. Es gibt heute, wie an jedem der letzten sechs Tag vorher, eine Suppe – ich konnte bisher nur ein einziges Mal ausmachen, was für eine Suppe ich da esse, und das auch nur, weil sie gelb-orange war und den vagen Geschmack von Karotten hatte. Dann eine halbe Hähnchenbrust mit Reis, Zucchini und einer fertigen weißen Babbsoße – und alles wie immer fade wie … also, die Spülbrühe bei mir zuhause hat bestimmt mehr Geschmack und ist besser gewürzt. Na ja, der Hunger treibt's hinein. Ich glaube, dass das Kantinenessen bei Daimler Benz, John Deere oder bei Quoka dagegen garantiert ein 5-Gänge-Gourmet-Menü ist.

Und dann, gegen 14.30 Uhr, geht die Sonne auf: Frau, Tochter, Schwiegersohn und alle drei Enkel schneien ins Zimmer. Es ist mächtig was los und ich schlage vor, erst nach unten und dann ins Bistro zu gehen, bevor die Lautstärke überschwappt. Wir laufen hin – 3-4 Minuten – und ich gönne mir seit dem letzten Sonntag erstmals wirkliche

Kalorien und labe mich an einem sehr guten, großen Eis-kaffee mit fetter, süßer Sahnehaube.

Nach 35-40 Minuten geht es wieder zurück und die Infusionsflasche hängt schon in der Halterung und das Abendessen steht auf dem Nachttisch.

Wir verabschieden uns – dann erst die Infusion; wieder nur 1 Flasche, dann das Abendessen. Mein Sohn ruft aus San Francisco an – und es tut mir gut, mich mit ihm zu unterhalten und mir einiges von der Seele zu reden, denn ich vermisse die drei Amerikaner sehr.

Gucke dann *Tatort*, werde aber langsam müde, die Nachtschwester kommt gegen 22.30 Uhr, schließt die Fla-sche an, und nach dieser einen Infusion schaue ich noch etwas fern, mache das Gerät aus und schlafe ein.

MONTAG, 05.08.2013

Die Schwester weckt mich um 06.40 Uhr, um Blutdruck und Temperatur zu messen. Temperatur 36.5, Blutdruck und Puls 120/60/73, wieder ohne vorherige Tabletteneinnahme, die ich aber gleich vornehme, bevor ich mich wie-der hinlege.

Bin nur mal gespannt, ob und was heute so alles abläuft.

09.30 Uhr, der Stationsarzt kommt und teilt mir mit, dass die Schluckuntersuchung TEE nicht heute oder mor-gen, sondern morgen oder übermorgen sei. Ich spreche ihn auf eine Herz-MAT an und er sagt mir, das eine MRT für den Kopf schon beantragt sei und eine Herz-MAT even-tuell folgen würde, je nachdem, was die Befunde der Blut-werte, von denen noch keiner vorliegt, ergeben würden.

Ich sage ihm daraufhin klipp und klar, dass ich mir vorbehalte, eine zweite Überprüfung der Befunde und Un-tersuchungsergebnisse von einer neutralen Stelle vornehmen zu lassen, bevor ich einer etwaigen Herzklappen-OP zustimme. Er nimmt das zur Kenntnis und geht aus dem Zimmer.

Nach dem Mittagessen, Blattspinat mit Kochfisch und salzlosen Kartoffeln: Mein guter Geist kommt um 14.30 Uhr, bringt mir das eine oder andere und packt ein, was zurückmuss. Wir gehen ins Bistro, gönnen uns einen schönen großen Eiskaffee, quatschen und sind eigentlich guter Dinge. Nach 40 Minuten dränge ich sie, doch wieder nach Hause zu fahren, denn es ist mittlerweile unerträglich heiß geworden.

Nachdem sie weg ist, kommt eine Schwester und teilt mir mit, dass die TEE schon gleich morgen früh um 08.00 Uhr vorgenommen werden soll und ich ab 22.00 nichts mehr essen oder trinken darf.

Der Nachmittag geht ohne weitere Vorkommnisse vorbei und dann kommt eine hübsche junge Schwester, schaut mich an und sagt: Herr Bischof, was machen denn Sie für Sachen? Ich will Sie dieses Jahr wieder bei der Volksbühne sehen – ich stelle mich nämlich schon drei Jahre lang nachts an, um Eintrittskarten zu ergattern. Also guggen'se, dass'se so schnell wie möglich wia gsund wään. Die junge Hübsche ist Lampertheimerin, ich weiß auch ihren Geburtsnamen, verrate ihn aber nicht.

Sie misst Temperatur (36.9), Blutdruck/Puls (120/70/73), verpasst mir die Bauchspritze und fachsimpelt anschließend mit mir und ihrer etwas älteren Kollegin über Sinn und Zweck von MRT, TEE usw. Die beiden richten mich richtiggehend auf – im Gegensatz zu ihren Chefs, den sogenannten Göttern in Weiß. Ob ich einen Latexhandschuh haben könnte, frage ich sie. Sie entgegnet: Fa wass brauchen doann Sie in Gummihoandschuh? Ich dann wieder: Ich will mir die Stulpe abschneiden und über

29

die Infusionsnadel und den Verband ziehen, dann kann ich duschen.

Sie steht auf, holt einen Handschuh, schneidet mir den zurecht, zieht ihn über den Verband und meint: Sou, jezzd köennen'se dusche. Sagt's, geht kurz raus, kommt dann wieder und hat die Infusionsflasche in der Hand, um sie anzuschließen. Nach der Infusion, wieder nur 1 Flasche, gehe ich duschen und stehe 10 Minuten unterm warmen Wasser, kühle mich dann etwas ab, ziehe meinen Schlafanzug an und fühle mich wie neugeboren.

Ich lege mich aufs Bett und schaue Fußball, habe durch das Duschen 20 Minuten verpasst – na ja, sind ja eh nur die Bayern mit ihrem neuen Trainer Depp Gardiola.

Direkt links auf dem Gang neben unserem Zimmer liegt eine Frau und die nervt bis in die frühen Morgenstunden. Etwa 50-60 Jahre alt, ich habe sie nämlich gesehen, als ich mir vorne eine Flasche Wasser abholte. Die ruft nicht, nein, die schreit in unregelmäßigen Abständen – aber regelmäßig, dass es durch die ganze Station schallt. Um Hilfe, nach der Polizei, nach der Feuerwehr – sie zeigt alle an – sie will noch nicht sterben – sie sei noch nicht an der Reihe – sie kriegt keine Luft – ruft nach ihrer Mama.

Ein Patient aus unserem Zimmer, ein Türke, Herr Ch., 63 Jahre alt, steht schließlich irgendwann bei ihr am Bett auf dem Gang, zwei- bis dreimal, und hält ihre Hand. Ich fühle mich irgendwie beschämt, weil mir eine solche Hilfeleistung nicht in den Kopf gekommen ist, und ich bin mir auch nicht sicher, ob ich eine solche Courage, ein solches Mitgefühl oder wie immer man das auch nennen möchte, aufgebracht hätte.

Er beruhigt die Frau zwar jedes Mal und sie hört auf zu schreien, aber nicht für lange, denn sobald er weggeht, fängt sie wieder an. Auch die Schwestern können sie nicht beruhigen und irgendwann ist sie dann doch still – eingeschlafen oder ganz einfach mit Beruhigungsmittel mundtot gemacht, um den anderen Patienten, von denen sich immer mehr bei den Nachtschwestern beschweren, ihre Nachtruhe zu gewährleisten. Egal, gegen 02.30 Uhr ist endlich Ruhe im Stall und ich schlafe dann, Gott sei Dank, auch ein.

DIENSTAG, 06.08.2013

06.10 Uhr, und ich wache von ganz alleine auf. Wahrscheinlich ist mir die Schluckuntersuchung, die heute Morgen gleich ansteht, im Unterbewusstsein durch den Kopf gegangen und drückt mir auf den Magen. Na ja, egal da muss ich eben durch. Die Schwester kommt, misst Blutdruck/Puls (140/80/72) und Temperatur (36.2). Sind doch sehr gute Werte für einen 68-Jährigen, sage ich mir, sagt aber auf der anderen Seite aus, dass mich hübsche junge Krankenschwestern vermutlich nicht mehr auf 180/100 bringen – aber wer weiß? Na ja, ist ja auch nicht mehr notwendig, denn einer meiner Wahlsprüche lautet: Wer mit 68 nicht genug gehabt hat, der hat 53 Jahre verkehrt gelebt.

07.50 Uhr – pünktlich werde ich abgeholt, in die Kardiologie gefahren, abgestellt, und nach 20 Minuten stehe ich neben dem Gerät. Rachen zum Betäuben eingesprüht, diesmal zweimal, und Spritze gesetzt zum Einschlafen. 10 Minuten später nimmt der Kardiologe an seinem Werkzeug Platz, Maulsperre angelegt, und ruck, zuck ist der Schlauch auch schon wieder dahin geschoben, wo er – nicht ich – ihn haben will. Nach 20 Minuten bin ich erlöst, er zieht den Schlauch wieder heraus und ich werde zurück auf Station 16.3.1 verfrachtet.

Frühstück steht keines auf dem Nachttisch, fällt heute wohl für mich aus – na ja, hilft vielleicht beim Pfunderunterhungern.

Genau um 10.05 Uhr erscheint der Blutbankzombie und zieht die Infusionsnadel, die am 01.08. gelegt wurde. Bis die endlich draußen ist, vergehen 4 Minuten. Er legt mir eine neue, d. h. erst versucht er es, denn es ist fast die gleiche Prozedur wie bei seiner Blutentnahme: Vene suchen, linken Handrücken abklopfen, Vene suchen. Endlich hat er eine und sticht die Nadel durch die Vene, was erstens einen höllischen Schmerz verursacht und zweitens kein Blut bringt. Also zieht er die Nadel wieder, entsorgt sie und wendet sich in der gleichen Arbeitsweise dem rechten Handrücken zu, anstatt es, wie ich ihm sagte, in der Armbeuge zu versuchen. Er kriegt auf dem rechten Handrücken auch kein Blut, zieht die Nadel, entsorgt sie und nimmt sich wieder den linken Handrücken vor. *Same procedure* – und dabei tut ihm dauernd etwas leid. Ich grinse ihn nur an, lasse ihn klopfen und Vene suchen. Dann, nach ca. 10-12 weiteren Minuten, wird es mir doch zu bunt. Ich mache eine Faust und zeige ihm eine Vene zwischen Zeige- und Mittelfinger, durch deren durchscheinendes Blau man eindeutig sehen kann, wie sie verläuft. Er desinfiziert – sticht und schiebt die Nadel hinein, klebt sechs weiße Strips und ein Haltepflaster darüber. Sieht aus wie gesch… und gek… und hält außerdem nicht. Ich bin froh, als er sich endlich verabschiedet – denn der Zimmergenosse, der Türke, lässt sich von ihm kein Blut abnehmen, schon das zweite Mal und das kurz hintereinander. Von einer Schwester, die ich am Nachmittag diese Zeilen lesen lasse, erfahre ich, dass der Kerl Student sei.

Justament als mir die Schwester den ganzen Klimbim neu fixiert und endlich die morgendliche Infusion anhängt, steht die Patientenlogistik mit dem Rollstuhl im Zimmer. Sie soll mich zur Kernspintomographie (MRT) abholen. Na hervorragend – niemand auf der Station hat mich davon in Kenntnis gesetzt. Also? Infusionskanüle wieder rausziehen, Platz auf dem Rollstuhl nehmen und ab geht's durch das ganze Krankenhaus zur Kernspin im Haus 4. Dort habe ich mich geplagt wie verrückt, weil ich die Zahnprothese, die ich eine gute Stunde vorher nach der TEE-Untersuchung gerade eingeklebt hatte, wieder rausnehmen musste.

Und immer und überall die gleiche Prozedur, in die Aufnahme und Fragebogen ausfüllen, kurz danach werde ich auf eine Art Schlitten gelegt, kriege einen Kopfhörer aufgesetzt, eine Alarmklingel in die Hand und eine Art Helm übergestülpt, der in vier Halterungen einrastet, dann werde ich in die Röhre geschoben, wie ich das zuhause immer mit dem Sonntagsbraten mache. Trotz Kopfhörer ist es in der Röhre ziemlich laut – in gewissen Abständen ist da ein Rhythmus dabei, den eine Heavy-Metal-Band ohne Weiteres verwenden könnte. Nach 21 Minuten ist der ganze Spuk, der im Großen und Ganzen zu ertragen war, wieder vorbei und ich werde auf meinem Rollstuhl zurück auf Station 16.3 gefahren.

Mittlerweile ist es 11.50 und das Zimmer ist leer, anscheinend bin ich der letzte Mohikaner.

12.15, das Mittagessen kommt – Fleischbällchen, aber nur gekocht, Pfannipüree, Tomatensoße und Brokkoli: Bis auf das Püree ist eigentlich alles essbar, und ich lasse es mir schmecken, aber ohne das Püree.

Da wird auch schon ein neuer Patient ins Zimmer geschoben und keine 5 Minuten später folgt der nächste. Die kleine hübsche Schwester aus Lampertheim kommt, setzt sich aufs Bett und sagt mir lächelnd und ganz leise: Ich habe schon einmal vorab nachgesehen, Sie haben nichts im Kopf. Ich glaube, ich habe sie etwas verwundert angesehen, woraufhin sie ergänzt: medizinisch gesehen. Da ich nichts im Kopf habe, auf der anderen Seite aber glaube, doch etwas im Kopf zu haben, begreife ich: Sie hat dem Doktor vorgegriffen und in den Bericht des MRT gelinst.

Lieber Gott, wenigstens einmal eine gute Nachricht, die mich aufbaut und positiver denken lässt, denn mittlerweile habe ich mich durchgerungen und denke: Brauche ich eine Herzoperation, ist es gut, die legen dich schlafen, und wenn du wieder aufwachst, ist alles vorbei. Brauche ich keine, ist es auch gut.

Patient Nr. 3 wird hereingefahren und das Zimmer ist wieder voll. Mit mir geschätzte 330 Jahre.

Dann steht Klaus auf einmal rechts neben mir. Ich habe ihn gar nicht kommen sehen – hahaha, wie denn auch –, habe ihn aber sofort an der Stimme erkannt. Er wollte mich mit dem *Kicker*-Sonderheft überraschen, ich habe aber leider schon eines, das von Christel. Wir gehen ins Bistro, ich trinke eine Cola und Klaus einen Milchkaffe. Was machschd doann du fa Sache, Käll?!

Wir sprechen über dies und das, Grillfest, Enkel usw. usw., richtig leicht locker unterhalten wir uns, und ich vergesse fast, wo ich eigentlich bin.

Urplötzlich wird es windig, es fängt an zu regnen und wie's Gewitter zieht ein Gewitter auf. Wir flüchten schnell und verschwinden über den Hauptgang wieder zurück zur Station. Ich dränge ihn zu gehen – weil, ich bin der Drängler vor dem Herrn, denn ich hielt mich selber nie länger als 15-20 Minuten bei einem Krankenbesuch auf. Mein Freund verlässt mich dann und nimmt sein *Kicker*-Sonderheft halt wieder mit.

Das Abendessen kommt – ich linse unter die Abdeckung: kalte Hähnchenbrust mit Brot, Butter und eine große Gewürzgurke. Kann man sich munden lassen, was ich auch mit Genuss tue.

17.45 Uhr, der Stationsarzt Dr. Men. kommt und bittet mich, mit in sein Zimmer zu kommen. Mir fallen alle Sünden ein und ich habe eine Scheißangst vor dem, was er mir jetzt sagen wird. Er bittet mich, Platz zu nehmen, und ich glaube, ich habe gezittert, als ich mich hinsetzte. Herr Bischof, fängt er an, ich muss, d. h. ich möchte, Ihnen mitteilen, dass in all Ihren Blutkulturen Bakterien und Keime von den Laboren nicht nachgewiesen werden konnten. Wir Ärzte sind uns einig, dass nach unserem Ermessen eine Endokarditis, also eine Entzündung der Herzklappe, nicht vorliegen kann. Deshalb setzen wir die Infusionen heute Abend auch ab.

Da fällt mir aber ein Stein vom Herzen, ich glaube, er ist größer als der, der das Grab Jesu verschlossen hat. Allerdings, schränkt er sofort ein, sind gestern etwas erhöhte Werte festgestellt worden, und wir möchten noch eine Herz-MAT machen, denn wir wollen feststellen, was genau sich auf dieser Herzklappe festgesetzt hat. Es schaut aus wie ein kleiner Tumor, vermutlich gutartig, und es geht so gut wie keine Gefahr davon aus, denn er hat keine Metastasen gestreut – das ist durch die Laboruntersuchungen Ihres Blutes nachgewiesen. Wir röntgen dann noch die Lunge, untersuchen den Urin und es könnte möglich sein, dass Sie bis Ende dieser Woche nach Hause können.

Wäre er eine dieser hübschen Krankenschwestern gewesen, ich hätte ihn geknutscht. Zuhause, sagt er noch, müssen Sie jedoch regelmäßig einen Kardiologen aufsuchen (die kleine hübsche Schwester aus LA hat mir dann später auch eine Adresse gegeben) und ca. 12 bis 14 Monate täglich ein blutverdünnendes Medikament einnehmen.

Man muss also nicht unbedingt operieren. Wir besprechen aber alle Maßnahmen morgen früh noch einmal mit dem Oberarzt.

So, Herr Bischof, das wars für heute, morgen wird dies alles auch noch einmal mit dem Oberarzt Dr. von Li. besprochen, aber ich bin da guter Dinge.

Entspannt wie an noch keinem Tag, seitdem ich hier im Krankenhaus bin, gehe wieder aufs Zimmer. Dort wartet schon meine Bauchspritze auf mich. Die Schwester kommt und zieht die Infusionsnadel und wir quatschen noch ein Weilchen. Sie bringt mir eine Flasche Bepanthol, denn sie hat gesehen, dass ich eine doch sehr trockene Haut habe, verabschiedet sich und sagt: Nun, dann sehen wir uns wahrscheinlich gar nicht mehr, denn ich habe erst wieder am Wochenende Dienst; spricht's und verschwindet lächelnd, uns allen eine gute Nacht wünschend, aus der Tür.

Ich sitze auf dem Bett und schreibe erleichtert weiter an meinem Tagebuch, schaue dabei ab und zu auf die Glotze, während ringsum alles schläft – es ist genau 21.12 Uhr, ich höre auf zu schreiben, gucke noch das Fußballspiel fertig und schlafe mit viel, viel weniger Ängsten und einem, wie soll ich es ausdrücken, wohligen Glücksgefühl ein.

MITTWOCH, 07.08.2013

Nach einer weiteren unruhigen Nacht, ausgehend von meinem Zimmernachbarn zur Linken, geschätzte 85 Jahre, wache ich um 06.45 Uhr auf. Der gute Mann hat, während er schlief, mit seinem Gebiss geklappert, dass man glauben konnte, eine Herde Pferde galoppiere durchs Zimmer. Der Patient, der im Bett schräg vis-à-vis liegt, steht gegen 01.30 Uhr auf, stellt sich vor das Bett des Gebissklapperers und ruft: Aufhören, aufhören, ich kann nicht einschlafen!, und die Nachtschwester, die er herbeigeläutet hat, steht mit offenem Mund da und schüttelt nur den Kopf. Ich sage zu den beiden: Der schläft fest wie ein Murmeltier, den kriegen wir nicht wach, denn der hat gestern Abend einen Cocktail zum Schlafen erhalten. Die Nachtschwester geht daraufhin hinaus und der Patient wieder in sein Bett. Gott sei Dank habe ich zwei Ohrstöpsel, die ich mir in weiser Voraussicht am Montag von meiner Tochter erbettelt habe. Ich krame sie aus dem Nachttisch und stecke sie mir in die Ohren und schlafe dann eigentlich problemlos ein.

07.00 Uhr, die Schwester mit der Bassstimme für einen Männerchor kommt zum Messen. Blutdruck/Puls 120/80/64, ohne Medikament vorher. Was ist, keine Temperatur messen heute?, frage ich sie.

Henn Sie Fiewa?, fragt sie mich. Das weiß doch ich nicht, entgegne ich, bis heute hatte ich noch keines. Sie kommt, hält mir das digitale Thermometer ins Ohr und zischelt dann: Niggs, kää Fiewa.

Der Patient, der Gebissklapperer, muss auf die Rollstuhlwaage und ich frage die Schwester, eine andere, die etwas umgänglicher scheint heute Morgen, ob sie mich nicht auch wiegen könne – ich hätte bestimmt schon 10 bis 12 Jahre nicht mehr auf einer Waage gestanden. Ajoo, sagt sie, und ich setze mich – 87,8 kg, viel weniger, als ich eigentlich geglaubt habe, noch nicht einmal das Schlachtgewicht einer Sau.

07.55 Uhr, das Frühstück rollt an. Heute Morgen ist es für mich ein Vitalfrühstück, nach dem, was mir gestern Abend der Stationsarzt noch mitgeteilt hat. Der Strohhalm, an den ich mich seit dem 29.7. geklammert habe, ist seit gestern Abend, seit der Unterhaltung mit dem Stationsarzt, zu einem riesigen Balken angewachsen. Ein Frühstück im Hilton, Adlon oder Ritz würde mir heute Morgen nicht besser schmecken können.

08.30 Uhr, die Schwester bringt einen Plastikbecher, kein Schraubglas wie beim Hausarzt, nein, einen hundsgewöhnlichen Plastikbecher zur Urinabgabe. Im Winter trinkt man aus einem solchen Ding Glühwein. Den hätte sie besser mal eine halbe Stunde vorher gebracht, ich habe ja auch nur eine Blase und kein Wasserreservoir. Etwas später, nach zwei vergeblichen Versuchen, klappt es dann schon und ich bringe den Becher halb gefüllt zu den Schwestern.

10.50 Uhr, Visite. Es erscheint der Oberarzt mit dem Stationsarzt und erläutert mir meine Lage ausführlich. Im Großen und Ganzen wiederholt er genau das, was mir der Oberarzt gestern Abend schon gesagt hat – ergänzt jedoch dadurch, und das nachdrücklich, dass man annehme, dass sich der Thrombus, der das Auge erblinden ließ, von eben diesem Tumor gelöst habe. Er sagt mir: Man muss nicht operieren – Herr der Dinge sind Sie, aber Sie tragen dann eben auch das Risiko, denn ein zweites Mal werden Sie ein solches Glück bestimmt nicht mehr haben.

Er würde mir jedoch dringend empfehlen, um allen Eventualitäten vorzubeugen, einen herzchirurgischen Eingriff vornehmen zu lassen. Ich sei doch für mein Alter in einer guten gesundheitlichen und robusten Verfassung und eine solche OP sei, gegenüber einem vollkommenen Erblinden, einem Herzinfarkt oder Schlaganfall, das weitaus geringere Risiko und herzchirurgische Eingriffe seien auch in Heidelberg mittlerweile Routine – OPs mit durchschlagendem Erfolg. Er schaue sich jedoch heute Nachmittag noch einmal die echokardiologischen Untersuchungen an und wir würden morgen früh noch einmal Rücksprache halten. Spricht's und wendet sich dem nächsten Patienten zu.

Da ist er wieder, der Hammer auf die Stirn.

Gestern Abend um 17.15 Uhr stand ich voller Euphorie auf der Turmspitze und heute Morgen um 10.20 Uhr finde ich mich im Turmkeller wieder, total unsicher und mit einer gehörigen Portion unterschwelliger Angst, weil ich nicht weiß, wie es weitergeht und was ich machen soll.

Der Morgen geht, bis das Mittagessen kommt, mit wirren Gedanken, Bildern im Kopf und vielen Zweifeln herum.

Um 12.00 Uhr leichte Kost, Schweinefleisch mit Zucchinigemüse und komischen rautenförmige Nudeln, dazu eine Suppe, und nur Merlin weiß, was für eine, denn bestellt hatte ich eigentlich ohne. Na ja, wie dem auch sei, ich würge es hinunter, zur Hälfte wenigstens, dann bin ich satt.

Nach dem Mittagessen versuche ich weiterzuschreiben, aber mir fehlt jegliche Motivation. Ich lege mich stattdessen aufs Bett und schlafe ein. Als sich Hannah, meine Enkelin, zu mir ans Bett setzt und mich, wahrscheinlich telepathisch, aufwachen lässt, ist es 14.05 Uhr. Meine Frau und meine Tochter sind zu diesem Zeitpunkt schon beim Stationsarzt, um sich über den aktuellen Stand der Dinge zu informieren und um Dampf abzulassen, was meine Tochter, wie ich sie kenne, auch tut, denn sie war schon als kleines Gör rotzfrech und hat kein Blatt vor den Mund genommen. Um 14.40 kommen die beiden endlich aufs Zimmer und wir gehen wieder runter ins Bistro. Unterhalten uns über das, was sie nun wissen – über die Risiken, eben über alles was mir seit heute Morgen Kopfzerbrechen macht – und beide stärken mir den Rücken und versuchen mir dabei zu helfen mir meine Entscheidung, die ich noch nicht endgültig getroffen habe, leichter zu treffen. Meine Tochter schaut mich an und sagt:

Babba, da droben hat dir einer mit dem Gartenzaun gewinkt – und ich begreife sofort, was sie mir damit sagen will.

Meine Tochter und ich trinken einen Eiskaffee, meine Frau einen Milchkaffee und meine Enkelin isst irgend so ein komisches Eis, und als es ihr kühl wird, gehen wir wieder zurück aufs Zimmer. Wie bei jedem, der mich besucht, dränge ich dann zur Heimfahrt, wir verabschieden uns und sie fahren um 15.40 wieder zurück. Ich gehe nochmals zum Stationsarzt ins Zimmer und lasse mir von ihm kurz, er hat keine Zeit, erklären, was wie wo aufgeschnitten würde und wie es danach weiterginge. Er gibt mir kurz, aber präzise Antwort, und als ich wieder aus dem Arztzimmer komme, steht auf einmal Gerd vor mir. Ich bin total überrascht und freue mich riesig, zeige ihm aber natürlich nicht, wie emotional ich in diesem Augenblick fühle.

Wir setzen uns in die Halle, ich erzähle ihm, was passiert ist, und er plaudert dann aus der Schule – denn was das Herz angeht, weiß er, wovon er spricht.

Glaubhaft und überzeugend beeinflusst er, gewollt oder ungewollt, meine Entscheidung, die zwar noch nicht ganz, aber nach diesem Gespräch zu 90 % feststeht. Ich werde mich operieren lassen, sage ihm das bloß noch nicht. Nach 40 Minuten angeregtem Unterhalten verabschiedet er sich und ich bitte ihn, jedem einen Gruß auszurichten heute Abend – dann entschwindet er über den roten Steg in Richtung Ausgang.

Ich begebe mich wieder in mein Zimmer und schlinge das Abendessen, das um 17.00 Uhr kommt, hinunter: 3 Scheiben Bierschinken, 2 Scheiben Paprikakäse, 1 Butter,

1 Becher(chen) Wurstsalat, eine Gewürzgurke, 2 Scheiben Brot und eine Tasse Pfefferminztee.

Danach krame ich den Laptop wieder hervor, lege die Tüte mit Trauben, die mir meine Frau mitgebracht hat, auf den Nachttisch und schreibe an meinem Tagebuch weiter.

Mal sehen, was diese Nacht bringt, denn die Pferdeherde, die letzte Nacht durchs Zimmer galoppierte, liegt noch immer bei uns im Zimmer. Am Abend wird noch einmal Blutdruck gemessen. 110/60/81, eigentlich erstaunlich für mich, nach dem Gespräch mit dem Stationsarzt. Um 20.20 Uhr speichere ich ab, was ich heute geschrieben habe, mache den Laptop zu, lege mich aufs Bett, schaue fern und schlafe irgendwann, nachdem ich ausgeschaltet habe, ein.

DONNERSTAG, 08.08.2013

Die ruhigste Nacht, seit ich im Krankenhaus bin. Das Gebissklappern hat sich in Grenzen gehalten, denn ich habe wieder die Ohrstöpsel benutzt, aber alles halten die auch nicht ab.

Zum ersten Mal habe ich in dieser Nacht auch geträumt. Ich wollte von einer Klippe ins Meer springen – wie ein Klippenspringer –, ich bin auch gesprungen und konnte auf einmal fliegen. Nach zwei großen Runden übers Meer bin ich wieder sicher auf dem Klippenplateau gelandet – wie ein Gleitschirmflieger. Wenn das ein Omen für die bevorstehende Herz-OP gewesen sein sollte, gehe ich sie mit Zuversicht an. Irgendwann wird dieser Traum von einem erotischen Traum abgelöst. Kurz danach – länger danach, ich weiß es nicht, aber er war lustvoll, spannend schön und ich mittendrin – reißt mich Schwester E. mit ihrer markanten Bassstimme mit den Worten: Hä. Bischof, Blutdruck messe, aus diesem Traum, den ich eigentlich gerne viel länger weitergeträumt hätte. Nun ja, was nun nicht sein kann, kann nun mal nicht sein.

Blutdruck 130/80/64, Temperatur 36.2, ohne vorherige Tabletteneinnahme. Nachdem sie alle Patienten durchgemessen hat, verlässt sie das Zimmer und es geht sich einer nach dem anderen frisch machen. Ich habe nun schon zwei Tage den Genuss, mich unter die Dusche stellen zu können.

07.55 Uhr: Frühstück. Heute gönne ich mir kein Vital-, sondern ein Feudalfrühstück. Ich lasse mir nämlich das Roggen- gegen ein helles Weizenbrötchen austauschen. Ansonsten wie gehabt, ich packe heute Morgen aber mein Müsli mit Naturjoghurt und klein geschnipseltem Apfel nicht ganz. Danach ist Duschen angesagt, und als ich aus der Duschkabine komme, sagt man mir, dass schon zweimal ein junger Arzt nach mir gefragt hätte. Der Blutbankzombie kommt und soll dem Gebissklapperer Blut abnehmen. Na ja, vielleicht kann er es ja dieses Mal, denn gestern versuchte er es bei Herrn A., und nachdem dieser zwei-, dreimal laut vernehmlich geautscht hatte, verschwand er und kam mit einer Schwester zurück, die die Blutentnahme dann ratzfatz für ihn erledigte. Und heute baut er wieder Mist – erst nach zwei, drei Versuchen und 10 Minuten ist der alte Mann erlöst, und der Student hat endlich ein Erfolgserlebnis.

09.05 Uhr, man holt mich zur Lungenfunktion in die Pneumologie ab – dieses Mal heißt es laufen, auch O. K. Um 09.50 ist alles erledigt und ich trabe mit dem Befund unterm Arm wieder zurück auf die Station. Herr A. wird gerade zur CT abgeholt und ich finde es skandalös, dass er noch immer die alten Pflaster von vor 5 Tagen, als er eingeliefert wurde, auf Stirn und Nase hat. Das eingetrocknete, verkrustete Blut, das ihm von der Stirn auf die Nase gelaufen ist, ziert noch immer – nach 5 Tagen Aufenthalt – seinen Nasenrücken. Irgendeine Schwester hat sich das nach der Visite des Stationsarztes wohl gemerkt, kommt gegen 11.00 Uhr zurück und säubert die Stellen. Ich telefoniere kurz mit meiner Frau und sie sagt mir, dass sie morgen wiederkommt.

10.30 Uhr, der Stationsarzt sitzt mir gegenüber, eröffnet mir, dass noch einmal Blut abgenommen werden müsse, weil ein Wert im Blut minimal angestiegen sei und man Ursachenforschung betreiben müsse und man zudem noch einen Herzkatheter setzen wolle. Was für mich im Klartext bedeutet: Vor Dienstag/Mittwoch nächster Woche komme ich nicht nach Hause. Kriege ich also schon wieder einen Dämpfer. Aber ich habe mit geschworen: Was jetzt auch immer noch kommen mag, es geht mir am A… vorbei.

Der Doktor geht den Befund der Lungenfunktion durch und sag mir: Sieht gut aus, Herr Bischof, sehr gut sogar.

Und dann erscheint er wieder, mein Albtraum – der Student mit der schwarzen Hornbrille –, um mir Blut abzunehmen. Jedes Mal die gleiche Scheiße – klopfen, suchen, klopfen, Vene suchen – hurra, jetzt hat er eine gefunden. Er desinfiziert und sagt, ich solle nicht erschrecken, es pikse gleich ein bisschen. Ich entgegne ihm: Junger Mann, ich bin schon erschrocken, als ich Sie an mein Bett kommen sah.

Und als hätte ich's geahnt – er kriegt kein Blut aus der linken Armbeuge und beginnt die ganze Prozedur dann in der rechten, mit letztendlich dem gleichen Ergebnis, und jedes Mal neue Nadel, neue Handschuhe. 6 bis 7 Liter Blut habe ich in mir und der schräge Vogel kann nicht einen einzigen Tropfen davon abzapfen.

Nach ca. 10 Minuten hat er meiner Miene angesehen,

43

dass es höchste Zeit ist, unverzüglich das Zimmer zu verlassen.

Wir diskutieren anschließend zu dritt, wie man so etwas 1. eigentlich frei und alleine durchs Krankenhaus und 2. durchgehen lassen kann, denn der Kerl hat uns allen dreien im Laufe der letzten vier Tage Armbeugen und Handrücken verschameriert. Vielleicht hat er aber auch einen Vertrag mit der Latexhandschuh-Industrie, denn der verbraucht an einem Tag garantiert so viele wie eine Krankenschwester in 2 Wochen.

Mittlerweile ist es 11.30 Uhr, mein Zimmernachbar Herr A. und ich werden abgeholt – zum Lungenröntgen. Er im Rollstuhl, ich laufe nebenher. Nach 10 Minuten bin ich schon wieder auf dem Weg zurück ins Zimmer und der Stationsarzt kommt, setzt mir die Spritze in die linke Armbeuge und entnimmt mir dann das Blut; hat nicht einmal 90 Sekunden gedauert.

12.20 Uhr – Mittagessen kommt. Kartoffeln, Blattspinat und Putengeschnetzeltes und eine gelbe Suppe, dabei hatte ich im wöchentlichen Speiseplan keine Suppe mehr bestellt. Egal, ich würge alles hinunter – versalzen, wie es ist (hahahaha)!

Gegen 12.45 Uhr, ich traue meinen Augen kaum, kommt mutig und mit allen Utensilien auf dem Tablett wieder angelaufen – na, wer wohl? Genau, der vermeintliche Blutdieb. Dieses Mal trifft es Herr A. wieder. Nach zwei Versuchen und 6 bis 7 Minuten hat er, bei einem wahrhaft sehr geduldigen Patienten, Erfolg. Er verlässt hocherhobenen Hauptes und mit einem triumphierenden Siegerlächeln, als ob er gerade Albert Einsteins Relativitätstheorie widerlegt hätte, das Zimmer.

Mir fehlen da im Moment die Worte, ich setze mich aufs Bett und schreibe weiter, damit ich ja nichts vergesse.

Gegen 14.00 Uhr ruft Heinz an, dass er kommen würde, etwas später; dann plätschert der Nachmittag so dahin. Ich bin momentan fertig mit Schreiben, lege mich aufs Bett und denke – das erste Mal, glaube ich – eigentlich gar nichts.

16.45 Uhr, das Nachtessen kommt und ich sehe, dass der Zufallsgenerator wieder zugeschlagen hat. Denn wie schon beim Mittagessen ist es nicht das, was ich laut Speiseplan bestellt habe, und Hirtenkäse esse ich schon gar keinen. Ich habe gerade die zweite Scheibe Butterbrot gegessen, mehr liegen nie drauf und Nachschlag gibt es auch keinen, da stehen Christel und Robert neben mir. Christel fragt: Na, bist du fertig mit Kaffeetrinken? Ich lache: Das war das Nachtessen, Kleine. Sie hat mir die *Sport-Bild* mitgebracht. Wir gehen runter ins Bistro, quatschen und trinken eine Cola bzw. Robert ein Bier. Kurz vor 17.00 Uhr sage ich ihnen, dass es vielleicht besser wäre, wieder auf Station zu gehen, weil Heinz mich noch besuchen kommen wolle – und genau das tun wir dann auch. Wir sitzen gerade einmal zehn Minuten in der Halle, da kommt er auch schon. Begrüßt mich, drückt mir etwas zu lesen, wie er sagt, in die Hand und richtet mir jede Menge Grüße aus. Wir unterhalten uns noch kurze Zeit, dann verabschieden sich Christel und Robert; Heinz bleibt noch ein Viertelstündchen, dann geht auch er.

Ich schaue fern, D-MAX, dann Fußball und anschließend *Phönix*, einen Bericht über die USA und ihre Machenschaften erst mit und dann später gegen Osama bin Laden. Es ist für mich eigentlich unglaublich, dass man diesen Mann seitens der Yankees erst protektiert, dann 20 lange Jahre jagt und den 11. September 2001 eigentlich leicht hätte verhindern können. Wenn ich an die Marionetten im Weißen Haus und deren Puppenspieler denke, wie CID, CIA usw., die die Fäden in der Hand halten, dreht sich mir der Magen um und ich könnte kotzen.

Irgendwann gegen 23.40 kann ich nicht mehr zusehen, geschweige denn zuhören, schalte das Gerät aus und hoffe gut schlafen zu können.

Freitag, 09.08.2013

Dem war aber nicht ganz so. Heute Nacht war das Gebissklappern wieder öfter, etwa in einem Abstand von 30 bis 50 Minuten und immer ca. 1 bis 1 ½ Minuten lang. Außerdem habe ich Mist geträumt – vielleicht hätte ich den Bericht über Osama bin Laden nicht anschauen sollen. Doch geschlafen habe ich, zwar nicht lange, aber ich habe geschlafen.

06.45 Uhr, die Schwester kommt messen. Blutdruck 120/60/72 – Temperatur 36.3, na, wer sagt's denn. Ich gehe mich waschen, rasieren und widme mich dann meinem Vitalfrühstück, das mittlerweile auf dem Nachttisch steht. Dann wird unser Zimmer wieder voll.

Der gute Mann hat auch mit dem Herzen zu tun, er hat einen Herzstillstand hinter sich; ein vergessenes EKG und der dafür verantwortliche Doktor geht auch noch in die engere Verwandtschaft. Wir unterhalten uns und wenn ich dem allem Glauben schenken wollte, was er mir da gerade über die letzten sechs Wochen von sich erzählt – vor vier Wochen sei er schon einmal hier gewesen, eben wegen des Herzstillstandes –, müsste ich eigentlich meinen Trolli packen, eine Taxe rufen und so schnell wie möglich das Weite suchen.

Herr A. wird um 10.40 Uhr abgeholt zum Lungenecho – hört sich wirklich lustiger an, als es wirklich ist. Kaum ist er aus dem Zimmer, schiebt noch jemand von der Patienten-Logistik seinen Rollstuhl ins Zimmer. Sinn Sie de Hä Bischof? Ja, bin ich, sage ich; um was geht es denn?

Man soll mich zur MRT (Kernspintomographie) fahren. Nun, ich weiß ja, dass das beantragt wurde, aber dass es dann doch so schnell geht ... Na ja, was soll's – ich setze mich auf das Gefährt und er schiebt mich wieder durch das halbe Krankenhaus zur CT im Haus 3.

Es folgt die gleiche Prozedur wie Tage zuvor beim MRT nun auch beim MAT, nur kann ich dieses Mal die Zahnprothese im Mund lassen. Auf den Schiebeschlitten, Zugang für das Kontrastmittel legen, Kopfhörer auf, 40 Minuten ab in die Röhre und nach Kommando einatmen, ausatmen, Luft anhalten. Zwischendurch wird mir noch das Kontrastmittel gespritzt. Dann bin ich erlöst und erfahre, als ich den jungen Mann, der die Aufnahmen gemacht hat, frage, dass ich selbstverständlich eine CD der Aufnahmen haben könne. Ich habe 20 Minuten Wartezeit im Gang. In einem der 3 Betten, die dort hintereinander aufgereiht stehen, liegt eine ältere Dame, die etwas verwirrt zu sein scheint. Sie redet und wiederholt in einer Tour: Wasser lassen ... Kaffee bitte ... Nein, nicht ... Es ist momentan niemand da, und keiner kümmert sich. Gott sei Dank werde um ich 12.40 Uhr wieder abgeholt und auf die 16.3 gefahren. Das Mittagessen ist mittlerweile kalt, aber wenigstens das, was ich bestellt hatte. Ich habe nur die 4 Brocken Hähnchen, von insgesamt vielleicht 50 Gramm und ein paar Gabeln Penne mit Tomatensoße gegessen, dann bin ich satt, setze mich aufs Bett und schreibe weiter, um ja nichts zu vergessen.

14.00 Uhr: Pünktlich wie die Maurer erscheint mein guter Geist, bringt mir Obst, Handtücher usw., wir wollen wieder ins Bistro, und sie setzt ihren Dickkopf, der mir in unseren jetzt 47 Ehejahren immer den rechten Weg gezeigt hat, durch und ich muss eine andere Hose anziehen, denn sie bleibt einfach sitzen, stur wie ein Brecher. Also was bleibt mir anderes übrig, als die Hose zu wechseln. Im Bistro sitzen wir *am* Bistro, also im Freien, und genießen eine Tasse Milchkaffee. Der neue Zimmernachbar Herr D. kommt auch, setzt sich zu uns und wir führen eine rege, interessante und auch amüsante Unterhaltung. Kurz vor 15.30 Uhr stehen wir auf und gehen zu dritt den Weg zurück auf die Station. Wir setzen uns draußen in die Halle, sprechen noch ein bisschen miteinander, bis Partner Peter auftaucht – das ist für meine Taube dann der Zeitpunkt und sie verabschiedet sich bis morgen.

Mein Partner Peter und ich gehen wieder zurück zum Bistro, trinken eine eiskalte Cola, fachsimpeln über unsere, seine Pläne und sind uns einig, dass, sollte bei mir alles gut und glatt verlaufen, wir beide unser Potenzial ausschöpfen und es noch einmal richtig krachen lassen wollen.

Um 16.20 Uhr gehen wir wieder zurück, Partner Peter verabschiedet sich und wir vereinbaren, miteinander zu telefonieren, dann geht er über den roten Steg Richtung Ausgang.

Ich gehe wieder in Zimmer 1 und warte auf das Nachtessen. Als es endlich da ist und ich den Deckel über dem Teller lüfte, hat er wieder zugeschlagen, der Zufallsgenerator: Räucherlachs mit Meerrettich, mein Lieblingsfisch. Also ganz bestimmt nicht – bevor ich das esse, gehe ich lieber hungrig ins Bett. Esse eben wieder nur zwei Scheiben Butterbrot mit Streichkäse drauf, trinke eine Tasse Pfefferminztee und esse noch drei Nektarinen.

Herr D. bekommt Besuch von seiner Tochter und dem Schwiegersohn und wir haben eine aufschlussreiche, lustige Unterhaltung. Ich habe ihn für die heutige Nacht über die Pferdekoppel, in der wir nächtigen, vorgewarnt, dann einige Passagen aus diesem Tagebuch lesen lassen. Er hat sich köstlich amüsiert, drei-, viermal sogar laut gelacht.

Jetzt ist es 18.55 Uhr und ich höre auf zu schreiben und bereite mich seelisch und moralisch auf den ersten Gladbacher Sieg in der Runde 2013/2014 vor. Aber, wie ich später erfahren muss, umsonst.

19.05 Uhr, die Schwester kommt messen. Blutdruck 130/70/72, Temperatur 36.5 – alles bestens.

Ich schaue Fußball, wie mein Zimmernachbar Herr D. auch, anschließend noch einen Krimi, da traben gegen 10.50 Uhr die ersten Pferde durch das Zimmer. Herr D. muss lachen – aber ich habe ihn ja vorgewarnt. In dieser Nacht hält es sich aber in Grenzen, beide schlafen wir dann ein. Um 01.35 Uhr plötzlich Licht im Zimmer und Unruhe. Herr A. hat der Schwester geläutet, er blutet stark aus seiner Stirnwunde. Ein Arzt wird herbeigerufen, es ist derselbe, der Herrn A. vor Tagen aufgenommen hat, der mit dem blauen Turban. Herr A. wird mit einem dicken Druckverband am Kopf versorgt. Schließlich und endlich kehrt wieder Ruhe im Zimmer ein und wir können weiterschlafen.

SAMSTAG, 10.08.2013

Sonderlich gut geschlafen habe ich nicht – aber dafür lange. Um 07.30 Uhr weckt mich die Stimme der Schwester Herr.: Blutdruck messen. Noch gar nicht ganz wach setze ich mich auf und ratzfatz geht's auch schon los. Blutdruck 130/60/80, Temperatur 36.4: na, was erwartet der Mensch denn mehr – saugesund!!!? Frühstück kommt um 07.55 Uhr und rund 20 Minuten später, Herr A. hustet seit gestern immer etwas, das hat er die ganze Zeit vorher nicht gemacht, läutet er der Schwester, weil er am oder im Auge blutet, und das Tempotaschentuch, das er sich auf das linke Auge drückt, ist auch schon sichtbar rot.

Die Schwester sagt ihm, sie hole einen Arzt, und es dauert geschlagene 18 Minuten, bis sie mit einer Ärztin (Japanerin?) zurückkommt. Die schaut sich den Patienten an, fragt, ob er Schmerzen habe, was Herr A. bejaht: Er habe Kopfschmerzen. Sie leuchtet ihm daraufhin mit einer Minitaschenlampe in das linke Auge, das Ganze dauert maximal 1 Minute, dann sagt sie, sie müsse dem Oberarzt Bescheid sagen, und geht. Es dauert wieder eine halbe Ewigkeit, bis sie mit dem Oberarzt, einem Herrn Dr. S., wieder im Zimmer auftaucht. Der sagt dann wortwörtlich: Herr A., ich schaue nur mal kurz unter den Verband, ich will ihn nicht abnehmen, sonst könnte die Wunde wieder anfangen zu bluten. Schaut kurz drunter und sagt: Ist in Ordnung. Fragt ihn dann, das Auge betreffend: Haben Sie das Gefühl, dass es noch blutet? Als Herr A. verneint, eröffnet er ihm, dass die Bauchspritze abgesetzt werde und man die Befürchtung habe, dass er einen Schlaganfall erleiden könne. Wenn er Schmerzen verspüre oder was auch immer, solle er der Schwester läuten – ein Missbrauch der Klingel werde ja nicht bestraft. Dem Auge, wegen dem er eigentlich gerufen wurde, schenkt er keine weitere Beachtung, weiß also gar nicht, ob das Auge weiterblutet – vielleicht sogar nach innen –, und entschwindet mit wallendem weißen Kittel aus dem Zimmer, die Ärztin im Gefolge.

Herr D. und ich, wir schauen uns an und können nur den Kopf schütteln. Ein Gorillamännchen hat garantiert ein feineres Fingerspitzengefühl als dieser Mensch. Mit einer solchen Einstellung und Mentalität sollte dieser Oberarzt S., meiner Meinung nach, in den städtischen Schlachthof als Fleischbeschauer, dort könnte er wenigstens keinerlei Schaden anrichten.

Zudem scheint uns Herr A. nun etwas verwirrt, er fragt laut, obwohl gar kein Ansprechpartner für ihn da ist, drei, vier Mal: Soll ich mich aufsetzen? Kurze Zeit später sitzt er vollkommen teilnahmslos auf seinem Bett und schaut ganz apathisch vor sich hin. Er sieht schlimm aus mit seinem durchgebluteten Kopfverband und dem noch immer verkrusteten Nasenrücken. In einem solchen Zustand wurde Herr A. am 03.08. nicht aufs Zimmer gebracht – und ich behaupte, dass sich sein Zustand in den letzten vier Tagen täglich verschlechtert hat.

Es ist mittlerweile 10.30 Uhr und Herr A. fängt schon wieder an, am Auge zu bluten. Ich sage Herrn D.: Ich gehe jetzt raus und sage der Schwester, sie soll noch einmal nach Herrn A. schauen. Ich sage ihr: Er blutet wieder und steht total neben den Schuhen. Sie kommt auch schnell, redet kurz mit ihm und sagt, das müsste sich ein Chirurg ansehen, denn sie wisse da ja nicht Bescheid und würde sich darum bemühen, einen Chirurgen herzubekommen.

10.45 Uhr, und Herr D. ist immer noch da, obwohl seine Papiere schon seit ca. 09.30 Uhr fertig sind – hätte er nicht danach gefragt, säße er wahrscheinlich bis 12.00 Uhr oder sogar noch länger unnötig im Zimmer herum. Er hat seine Tochter angerufen, die ihn dann etwas später auch abholt.

11.03 Uhr, die Schwester kommt mit einem Infusionsbeutel, schließt ihn an und sagt Herrn A., der Oberarzt habe gesagt, er müsse jetzt viel trinken, und die Infusion sei auch nur vorsichtshalber angehängt worden, falls er einschlafe und das Trinken vergesse. Im Übrigen bemühe man sich noch immer um einen Chirurgen.

Das Mittagessen kommt, es ist 11.55 Uhr, Kohlrabisuppe – nehme ich mal wenigstens an, Kohlrabigeschmack ist, soweit ich das überhaupt herausschmecken kann, minimal.

Pfannipüree mit Kohlrabigemüse und zwei mittelfingerlangen Bratwürstchen (die Betonung liegt hierbei auf Würst*chen*) und einem Schokopudding mit Sahne – Becherpapp! Ich habe einen Mordshunger; es schmeckt eigentlich, bis auf das Kartoffelpüree, gar nicht sooo schlecht, aber einem hungrigen Menschen schmeckt auch Kernseife.

Das ist das erste Mal, dass ich mein Mittagessen komplett runterputze. 12.45 Uhr Herr A. hat sich mittlerweile hingelegt und es ist immer noch kein Arzt da gewesen. Es ist eigentlich eine Schande für mich, wie man mit diesem Menschen in einer solch außergewöhnlichen Situation umgeht, ihn auch nicht psychologisch, geschweige denn medizinisch betreut.

Herr A. hat auch ein paar Happen gegessen, und wenn ich ihn etwas frage, antwortet er an und für sich mit fester Stimme. Aber nun ist es schon 13.30 Uhr und von dem Oberarzt oder Chirurgen ist weder etwas zu sehen noch zu hören.

Ich lese frustriert die *Bild*-Zeitung, die Herr D. mitgebracht hat, schalte dann den Fernseher ein, habe aber immer ein Auge, das einzige, das noch funktioniert, auf Herrn A., der mir schräg gegenüber liegt.

14.05 Uhr, die diensthabende Ärztin kommt noch einmal, schaut nach ihm und verspricht einen Chirurgen zu organisieren, und um 15.30 Uhr kümmern sich zwei Schwestern um Herrn A. und um 15.50 Uhr erscheint auch, zum 3. Mal, die Ärztin und palavert mit den Schwestern – die dann alle drei nach etwa 2-3 Minuten das Zimmer verlassen. Mittlerweile ist es 16.30 Uhr, das Abendessen kommt, der seit heute Morgen gegen 09.00 Uhr versprochene Chirurg für Herrn A. immer noch nicht.

Nach dem Nachtessen, 2 Scheiben Vollkornbrot, 1 Päckchen Butter, drei Scheiben Tilsiter und eine dickere

Scheibe fettarmer Camembert, schaue ich einen Krimi, die beiden Zimmergenossen liegen in ihren Betten und schlafen.

Gegen 23.50 schalte ich das Gerät aus und schlafe kurz danach auch ein.

Ich bin gut ausgeschlafen, als mich die Schwester um 07.40 Uhr zum Messen weckt. Blutdruck 110/60/60, Temperatur 36.0, und ich frage mich, warum ich überhaupt noch hier bin. Ich fühle mich sauwohl – die Diagnose steht fest, nur die Aussicht auf den Herzkatheter gefällt mir nicht, weil das meiner Meinung nach nur noch eine überflüssige Belastung ist, die allerdings noch Geld in die Kasse spült. Da ich sämtliche Untersuchungen, die das Herz betreffen, eigentlich hinter mir habe, könnte ich auch nach Hause gehen und auf den OP-Termin warten.

Die Nacht war ruhig – keine Pferde im Zimmer, dafür um 00.20 Uhr noch mal die Ärztin mit einem Kollegen; ich nehme an, dass das der Chirurg war, auf den man seit ca. 09.00 Uhr gestern Morgen gewartet hatte. Der schaute sich Herrn A. an, legte einen neuen Verband und ab 0.40 Uhr war wieder Ruhe im Karton.

07.50 Uhr – das Frühstück kommt. Vogelfutter-Brötchen, Butter, Honig, Naturjoghurt, 1 Apfel und eine Tasse *Kaffee Hag*. Was, kein Müsli heute? Ich reklamiere sofort und möchte das Brötchen gegen ein Weizenbrötchen getauscht haben. 10 Minuten später bin ich dann zufrieden und frühstücke in aller Seelenruhe.

Herr A. hat heute Morgen Temperatur, 39.1, und die Schwester informiert die diensthabende Ärztin, die auch sehr schnell da ist, sich Herrn A. anschaut, geht und gleich darauf mit einer Art Erstversorgungswagen wiederkommt. Sie nimmt den Kopfverband ab und versorgt Herrn A. Zwei Schwestern kommen dazu, waschen das verkrustete Blut ab, waschen und säubern sein Gesicht, und als sie wieder aus dem Zimmer gehen, kann man den alten Herrn wirklich ansehen und auch wieder sein Gesicht erkennen.

Ich laufe ans Bistro und will mir eine Zeitung holen, umsonst – sonntags erst ab elf Uhr geöffnet. Latsche dann halt wieder, aber einen anderen Weg, zurück – na ja, Spaziergang gemacht. Im Zimmer lege ich mich wieder ins Bett, es ist aber ungemütlich, weil schon zwei Tage die Betten nicht gemacht wurden und alles total verkrumpelt ist. Ich stehe schließlich auf und mache es selbst, weil die Falten, die das Leinentuch und der Überzug werfen, sich schon auf meinen Arschbacken abbilden. Notdürftig gemacht hält das aber auch nicht lange vor.

12.00 Uhr, und pünktlich auf die Minute wird das Mittagessen serviert. Heute habe ich einen Volltreffer gelandet, denn es ist fast genau das Essen, das ich bestellt hatte. Hackbraten mit grüner (ist aber weiße) Soße, Kartoffelpüree, grüner Salat. Es ist ja nicht so, dass ich andauernd am Essen rumzumeckern hätte, ich habe schon ganz andere Sachen wie Krokodil, Klapperschlange, Seeigel, Bullenhoden und anderes mehr gegessen, aber der Hackbraten sieht aus wie Fleischkäse, die 80 Gramm schmecken aber würzig, doch das Püree, das auf den Teller geklatscht ist wie ein Glattstrich, und die grüne/weiße Soße kann man wie immer vergessen.

Die Zeit, bis mein guter Geist kommen will, zieht sich in die Länge. 14.20 Uhr, ich stelle mich draußen an den roten Steg, von dem aus man ihr Auto sehen kann. Ich warte eine Viertelstunde – nichts zu sehen, dann gehe ich wieder ins Zimmer und schalte den Fernseher an. Kaum

10 Minuten später steht sie auf einmal hinter mir und tippt mir auf die Schulter.

Wie jedes Mal gehen wir wieder ins Bistro und gönnen uns beide einen Eiskaffee. Wir unterhalten uns über uns, die Kinder, die Enkel, die Tomaten und Gurken im Garten, die ich hoffentlich bald genießen kann, und wie's Mäusemelken ist schon wieder eine Stunde um.

Wir gehen zurück auf die Station, sitzen noch ein paar Minuten in der Halle und ich nötige sie wieder doch nach Hause zu fahren. Sie begehrt zwar ein bisschen auf, geht dann aber trotzdem. Als ich wieder ins Zimmer komme, hat Herr A. Besuch von seinem Sohn, der gerade aus dem Urlaub kam. Er fragt mich das eine oder andere und ich gebe ihm bereitwillig Auskunft, soweit ich kann. Ich schaue inzwischen englischen Fußball-Supercup, Manchester City gegen Wiggam Athletics, und dann Leichtathletik-WM.

Schließlich kommt das Nachtessen, 2 Scheiben Vollkornbrot, 10 Scheiben Lachsschinken, 1 Butter, Zucchini-Tomaten-Salat, allerdings nicht essbar, und 1 Tasse Pfefferminztee. Bis auf den Salat und 4 Scheiben Schinken putze ich alles weg.

Anschließend ist erst Schreiben angesagt, dann wieder die Glotze, aber der *Tatort* im Ersten ist eine Wiederholung, deshalb schaue die Blues Brothers im *Arte*-Programm und anschließend noch Lewis im Zweiten.

Dann schalte ich ab und schlafe kurz darauf auch ein.

MONTAG, 12.08.2013

Bin um 06.15 Uhr aufgewacht. Herr A. hat fest geschlafen und Herr I. hat seine Pferde nur drei- bis viermal losgelassen, war aber zu ertragen. Er steht jeden Morgen immer als Erster gegen 06.10 Uhr am Waschtisch, so auch heute, und rumort beim Waschen so laut, dass man wirklich nicht mehr schlafen kann. Anschließend sitzt er auf seinem Bett, einen Toilettenspiegel in der Hand, und kämmt mit Inbrunst 10 Minuten lang seinen schlohweißen, 2 cm langen Haarkranz, der seinen breiten, wie lackiert glänzenden Mittelscheitel umgibt. 86 Jahre und immer noch eitel wie ein Pfau – eben ein Italiener.

Ich stehe auf und gehe duschen.

07.40 Uhr, Schwester E. kommt messen. Blutdruck 140/85/72, Temperatur 36.0 Na!!??

07.45 Uhr, das Frühstück kommt. Oballa, was sehe ich? Der Wohlstand scheint ausgebrochen zu sein, zusätzlich zum Honig noch 20 Gr. Himbeermarmelade. Ich genieße mein Vitalfrühstück und um 07.55 Uhr sind wir wieder zu viert auf dem Zimmer.

08.15 Uhr, der Neue und Herr A. (zum Ultraschall) werden abgeholt. Ich bin fertig mit Frühstücken, lege mich wieder hin und um 09.15 taucht der Blutbankzombie auf und will mir an meinen Lebenssaft. Gegen meine Überzeugung gebe ich ihm noch mal eine Chance. Und er hat sie genutzt – gleich beim ersten Stechen hat es geklappt. Mein guter Geist ruft an, aber der gute Mann ist noch immer am Abzapfen und ich sage ihr, dass ich sie zurückrufen werde. Anschließend geht er zu Herrn I. und dort das Gleiche. Einmal gestochen und Blut gekriegt. Ich bin fast der Überzeugung, der junge Mann hat übers Wochenende eine Weiterbildung und einen Crash-Kurs in Sachen Blutentnahme verordnet bekommen.

10.30 Uhr – auf einmal ist unten in der Anlage ein Höllenlärm, ich schaue nach und sehe, dass eine Reinigungsfirma mit zwei Hochdruckreinigern die Jalousien im Erdgeschoss abspritzt. Ich rufe Robert an und gratuliere ihm zum Geburtstag, da kommt um 11.30 Uhr der neue Patient wieder aufs Zimmer.

11.55 Uhr, Stationsarzt Dr. M. kommt zu mir und informiert mich, dass für heute noch eine CT (Computertomopraphie) angemeldet ist, obwohl ja eigentlich, nach seiner Aussage von gestern, nur noch ein Herzkatheter gesetzt werden soll.

Nach dem Mittagessen, Qualität und Quantität wie immer (insgesamt nie über 250 Gr.), holt man mich um 13.45 Uhr zur CT ab. Hingefahren, abgestellt, angemeldet – nach 22 Minuten Wartezeit erscheint der zuständige Mitarbeiter der CT-Abteilung und teilt mir mit, der Oberarzt hätte angeordnet: keine CT-Untersuchung, sondern stattdessen morgen eine nochmalige MRT (Kernspintomographie). Nach weiteren 50 Minuten Wartezeit auf dem Gang werde ich wieder abgeholt und aufs Zimmer gefahren.

Die Tochter von Herrn A. ist mittlerweile zu Besuch da und man sagt ihr, dass bei ihrem Herrn Papa der Verdacht einer leichten Lungenentzündung bestehe, was sie sichtlich etwas konsterniert Sie sagt, die totale Desinformation, die sie hier in diesem Haus erführe, würde sie so langsam wütend mache, und sie besteht vehement darauf, den Stationsarzt Dr. M. zu sprechen, was sie etwas später dann auch kann.

16.45 Uhr, das Nachtessen wird aufgefahren. Bombastisch: Fleischwurst, eine Scheibe 2,2 cm dick, 20 Gr. Schmelzkäse, 20 Gramm Margarine, 1 Apfel, 2 Scheiben Vollkornbrot und eine Tasse Pfefferminztee. Die richtige Kalorienzahl für einen Straßenbauarbeiter bei 35 Grad im Schatten.

Ein weiteres Beispiel für hervorragendes Timing. Just als Herr A. seinen Tee zum Nachtessen bekommt, wird er zum Röntgen abgeholt – und ist ca. 1 Stunde später wieder da. Diese Zeit nutzt seine Tochter Frau E. zu einem Gespräch mit dem Stationsarzt Dr. M.

18.45 Uhr, Messzeit. Blutdruck 120/60/76, Temperatur 36.6: na – wer sagt's denn, Werte wie ein junger Hüpfer.

Dr. M. kommt noch einmal, fragt mich, ob bei der CT alles okay gewesen sei, und fällt fast aus allen Wolken, als ich ihm sage, dass der Oberarzt alles abgeblasen hat und er für morgen eine erneute MRT bestellt habe. Und einen Herzkatheter, fügt er an, fragt mich im gleichen Atemzug, wie es mir heute gehe. Ich entgegne ihm: Herr Dr., wenn mir keine Ihrer Schwestern das Leinentuch bis über den Kopf zieht, geht es mir – wie die ganze Zeit – blendend.

Bis 20.15 Uhr zieht sich die Zeit wie ein Kaugummi und ich bin froh, als das 2.-Liga-Spiel endlich angepfiffen wird. Gleich nachdem der Abpfiff erfolgt, schalte ich das Fernsehgerät aus und bin kurze Zeit danach fest eingeschlafen.

Dienstag, 13.08.2013

06.10 Uhr, und schon wieder rumort Herr I. am Waschtisch. Am liebsten würde ich ihm einmal in den Hintern treten, dass er wieder ins Bett fällt. Diese Nacht kein Pferdegetrappel – oder ich habe wirklich einmal fest durchgeschlafen.

06.40 Uhr, die Schwester kommt messen. Blutdruck 150/90/64, Temperatur 36.0. Holla, heute Morgen ein bisschen hoch – aber morgens sollte der Blutdruck am höchsten sein, erklärt mir die Schwester. Vielleicht sind das aber auch noch die Nachwirkungen von dem frivolen Träumen heute Nacht.

Während sie bei Herrn A. Blutdruck misst, sagt sie ihm, wie aus heiterem Himmel, brottrocken: So, jetzt haben Sie auch noch Wasser in der Lunge. Ich muss wirklich an mich halten, dass ich nicht aus der Haut fahre und etwas zu ihr sage, denn so etwas mitzuteilen obliegt doch wohl nur dem zuständigen Arzt und nicht irgendeiner Stationsschwester, die vielleicht nur irgendwie irgendetwas aufgeschnappt hat.

Um 07.30 Uhr schlüpfe ich in das Flügelhemd, das man mir gebracht hat. Ist schon eine komische Bezeichnung, *Flügelhemd*, aber wahrscheinlich haben schon eine Menge Patienten in diesem Hemd Flügel bekommen.

Ich lege mich ins Bett und harre dessen, was da heute noch auf mich zukommt. Schocken kann mich hier drin eh nichts mehr.

Die Schwester kommt und sagt mir, ich solle um 09.30 Uhr zu ihr kommen, meine Unterlagen mitnehmen und damit zum MRT-Termin laufen. Das sei nur 2 Häuser weiter und da bräuchte man keinen Patiententransport anfordern. Oballa, denke ich mir, so fangen die also an, Kosten zu sparen – Kleinvieh macht eben auch Mist. Denn einer der Transportleute hat mir die Tage, nachdem ich ihn gefragt hatte, ob er fest angestellt sei, gesagt, dass viele, die bei der Patienten-Logistik beschäftigt sind, von einer Zeitarbeitsfirma kommen.

Bin schließlich zur MRT gelaufen und auch sofort dran gekommen. Auf meine Frage, warum das zweite Mal innerhalb fünf Tagen, sagt mir Herr W., es sei noch so vieles unklar und man müsse bei mir ein spezielles Programm fahren. 40 Minuten später bin ich wieder erlöst, schnappe meine Unterlagen und Herr W. wünscht mir alles Gute für das, was noch auf mich zukommt. Na, auf solche guten Wünsche eines Dummschwätzers freut man sich doch ungemein. Die heben die Stimmung eines eh schon demoralisierten Menschen ins Unermessliche. So ein A…

Wieder auf der Station angekommen, gebe ich meine

Unterlagen ab und bekomme mein Frühstück eben 2 ½ Stunden später. Gerade habe ich mir mit Hingabe mein Müsli mit Honig, Naturjoghurt, Zucker, Himbeermarmelade und klein geschnittenem Apfel zusammengerührt, da ruft Gerd an. Aber allzu lange können wir uns nicht unterhalten, denn auf einmal stehen Claudia und Willi im Zimmer. Das überrascht und freut mich riesig und wir setzen uns draußen in die Halle und ratschen fast 40 Minuten miteinander. Über Amerika, die Kinder, die Enkel, über mein Missgeschick und die vielen Unzulänglichkeiten, die ein längerer Aufenthalt in einem Krankenhaus so mit sich bringt.

11.30 Uhr: Sie verabschieden sich und gehen über den roten Steg in Richtung Ausgang. Ich trinke den inzwischen erkalteten Kaffee und esse meinen selbst kreierten Gesundheitsbecher. Es ist mittlerweile 11.45 Uhr und ein Mittagessen bräuchte ich eigentlich keines mehr. Aber pünktlich, es ist 12.00 Uhr, kommt das Mittagessen. Spaghetti mit Geflügelbolognese, Fetakäse und Oliven, 220-250 Gr. insgesamt, mehr ist es nie. Ich habe das zwar bestellt, aber schmecken tut es mir nicht. Die Spaghetti sind genau auf den Punkt al dente gekocht, bestimmt mindestens 25 Minuten, und über die Geflügelbolognese ist vielleicht einmal ein Huhn geflogen, aber keines drin. Nach drei, vier Gabeln decke ich wieder alles zu und stelle es zum Abräumen weg. Dann lege ich mich ins Bett und warte, dass man mich zum Herzkatheter abholt. Herr A. schläft seit gestern viel und hat eine etwas fahle Gesichtsfarbe angenommen. Wenn wir uns unterhalten, ist seine Stimme jedoch ruhig und fest, mit wem sollte er sich auch denn sonst unterhalten? Der Patient, der gestern Morgen kam, ist schon wieder weg und der 86-jährige italienische Schönling spricht kaum ein Wort, außer wenn sein Kaffee gebracht wird.

Dann hört man ihn: *Swei Milch unn 4 Sugga*, ansonsten sitzt er immer mit dem Rücken zu Herrn A.

Jetzt ist es 14.30 Uhr und immer noch kein Anzeichen, dass ich zum Herzkatheter abgeholt werde. Nach weiteren 1 ½ Stunden beginne ich zu zweifeln, ob das heute überhaupt noch etwas wird, denn das Flügelhemd, das bei mir auf dem Bett gelegen hat, haben sie in der Zeit, in der ich zur MRT war, weggeräumt.

Dann taucht plötzlich Herr Dr. M. auf, teilt mir mit, dass der Herzkatheter auf morgen verschoben worden sei und er später zusammen mit dem Oberarzt Herrn Dr. v. Li. und mir noch einmal ein Gespräch führen möchte.

16.45 Uhr, das Nachtessen kommt. 2 Scheiben Vollkornbrot, 20 Gramm Margarine, 6 Scheiben Salami, 2 geradeaus schmeckende Maiskolben (8 cm lang), eine Orange und eine Tasse Pfefferminztee. Ich habe Hunger, ja noch nicht viel gegessen heute, und mahle alles hinunter.

17.50 Uhr, Herr Dr. M. bittet mich, mit ins Arztzimmer zu kommen. Der Oberarzt Dr. v. Li. erläutert mir, warum heute noch einmal Kernspintomographie. Die Sache sei die, man sei sich nach all den vorgenommenen Untersuchungen noch immer nicht einig, was in meinem Herzen vorliege. Die Kardiologen gingen noch immer von einem gutartigen Tumor (ca. 2 x 2 cm) und die Radiologen von einem Blutgerinnsel aus. Deshalb wird man morgen doch einen Herzkatheter setzen, um die Aorta-Herzklappe und die Herzkranzgefäße noch einmal in Augenschein zu nehmen. Die Bilder würde man dann umgehend zu den Spezialisten nach Heidelberg schicken und deren Urteil abwarten. Spätestens Donnerstag wisse man dann Bescheid und habe einen Termin, denn so, wie es aussehe, sei eine OP, nach seinem Dafürhalten und um eventuellen Folgeschäden vorzubeugen, unumgänglich.

Einen kleinen, aber wirklich nur klitzekleinen Hoffnungsschimmer habe ich also noch, obwohl ich mich mit einem herzchirurgischen Eingriff inzwischen abgefunden habe. Dass mich der Gedanke daran kalt ließe und mir nichts mehr ausmachte, wäre glatt gelogen.

Voller Vorfreude (hahahaha) setze ich mich wieder auf mein Bett und zum Lachen ist mir in diesem Augenblick wahrlich nicht zumute.

Es dauert ca. 25 Minuten, bis ich mich emotional wieder im Griff habe, und als Herr A. junior auftaucht, seinen Vater besucht und wir uns unterhalten, merke ich, das ich ganz langsam wieder in die Gänge komme.

Dann schreibe ich wieder, lasse Herrn A. Junior, bevor er wieder geht, aber noch die Passage lesen, in der ich das Verhalten der Schwester von heute Morgen festgehalten habe. Die Schwester kommt und bringt mir wieder ein Flügelhemd und wünscht mir Glück für morgen – für was auch immer.

Es ist jetzt 19.12 Uhr, ich höre auf zu schreiben – habe eigentlich auch keinen Bock mehr heute. Ich weiß noch nicht, was ich jetzt gucke – Leichtathletik oder Fußball, vielleicht gucke ich heute aber auch gar nichts!!!

MITTWOCH, 14.08.2013 (SCHICKSALSTAG?)

Ich werde plötzlich von einem Mordsradau geweckt; das Zimmerlicht ist angeschaltet, ich setze meine Brille auf, schaue auf die Uhr und kann es nicht glauben: 03.20 Uhr, und die Schwestern richten das leere Bett neben mir mit einem Getöse, dass man Tote damit aufwecken könnte. Wäre auf dem Gang draußen doch viel sinnvoller gewesen, denn dann hätte man es dem Patienten, der halb im Rollstuhl sitzt und halb heraushängt, und uns Patienten leichter gemacht und den Neuankömmling leiser in das Bett verfrachten können. Als sich der ganze Tumult gelegt hat, schlafe ich auch wieder ein. Dann werde ich wieder geweckt, suche meine Brille auf dem Nachttisch, bis ich merke, ich habe sie ja noch auf, weil ich vorhin vergessen habe, sie abzusetzen, als ich wieder eingeschlafen bin. Herr I. hat sein Licht über dem Bett angeschaltet, sitzt auf der Bettkante und hat um 05.06 Uhr keine anderen Sorgen, als sich, seinen Spiegel in der Hand haltend, zu kämmen. Drei, vier Minuten lang, dann liegt er wieder flach, schaltet das Licht aus und schläft weiter, ohne den Kamm aus der Hand zu legen. Es hat so den Anschein, als hätte er während dieser Zeit die Augen gar nicht offen gehabt.

Ich schlafe auch noch einmal problemlos ein, denn von Herrn I.'s Pferdegetrappel ist in dieser Nacht nichts zu hören, vielleicht aber auch nur weil ich heute mal wieder träume, keine erotischen Träume, nein, ich träume von meiner Oma. Ich stehe auf mit ihr, sie hat ein schwarzes Kleid und eine blau-weiß gestreifte Kuttenschürze an. Diese Farben hatte sie eigentlich immer an, ich kannte sie gar nicht anders angezogen. Sie stand mit mir in unserem großen Garten im alten Haus in der Neugasse unter dem großen Blutpfirsichbaum, der gleich an Zaun zum Nachbarn, dem Polizisten, steht, und pflückte mir Pfirsiche ab. Ein wirklich schöner Traum … Ich habe meine Oma Käddsche abgöttisch geliebt. Sie hat mich beschützt, getröstet, erzogen, Vater und Mutter gingen ja arbeiten und mir, bis ich 16 Jahre alt war, so vieles beigebracht, von dem ich heute noch zehre und das ich noch oft beherzige.

Ich habe mir lange Zeit nicht verzeihen können, dass ich, als sie starb und beerdigt wurde, nicht da und nirgends zu erreichen war, weil ich damals, 1962, mit meiner heutigen Frau zwei Wochen mit dem Fahrrad unterwegs war, wild zelten, und niemand außer uns beiden wusste, wo wir uns aufhielten. Ich denke oft, gerade heute Morgen, an sie und heute auch an meinen Vater. Träume aber wenig von ihnen – zu wenig, glaube ich, und das letzte Mal ist schon etliche lange Jahre her.

Guten Morgen, die Herrn, tönt das unverkennbare Männertimbre von Schwester Ev. durch das Zimmer. 07.20 Uhr – Messzeit. Blutdruck 120/70/68. Temperatur messen?, frage ich – nääää, antwortet sie, Sie hawwe doch kää Temperatur. Sicher habe ich Temperatur, entgegne ich, jeder Mensch hat … Sie fällt mir ins Wort und sagt kurz und knapp: Aijoo hodd die jeeda Mänsch – Temperatur, unn Sie hawwe kää Fiewa. Sagt's und wendet sich Herrn A. zu, misst und zieht ihm die Infusionsnadel, weil von der anhängenden Flasche nichts durchläuft.

07.45 Uhr – Frühstück kommt –, heute müssen wir nüchtern bleiben, Herr A. und ich, denn man hat uns heute beide zum Herzkathetersetzen eingeladen.

08.16 Uhr, der Blutbankzombie kommt und setzt Herrn A. ohne größere Probleme eine neue Infusionsnadel. Dem haben wir auf unser Nörgeln und unsere Sticheleien hin garantiert den Samstag versaut und er hat einen Crash-Kurs im Nadelsetzen absolvieren müssen.

Egal, es ist mittlerweile 09.00 Uhr und weder Herr A. noch ich wissen, wann wir abgeholt werden. Jetzt ist es 09.20 Uhr, der Italiener links neben mir hat schon Besuch von seinem Clan. Jetzt wird's mit an Sicherheit grenzender Wahrscheinlichkeit unterhaltsam bei uns im Zimmer. Links von mir ein Italiener, 1,54 m groß, 30 Gramm schwer und etwa so alt wie ich. Der spricht, soweit ich das schon mitgekriegt habe, nur sehr wenig gebrochenes Deutsch, mir gegenüber ein Italiener, von dem ich außer *Sugga und Milsch*, wenn er seinen Kaffee bekommt, überhaupt noch kein deutsches Wort gehört habe. Denn kriegt der Besuch von seiner Frau – und das passiert jeden Morgen pünktlich genau um 09.30 Uhr –, wird nur italienisch gelabert.

Würde ich mit Herrn A. und den Schwestern nicht deutsche Konversation pflegen, könnte ich annehmen, ich stünde auf einer Plazza vor der Rialto-Brücke. Hier drinnen musst du schon ein gewisses Quantum an Galgenhumor entwickeln, sonst wirst du reif für die Klapse.

10.30 Uhr – Herr A. wird zur Untersuchung abgeholt und wundert sich darüber, denn eigentlich, mutmaßt er, wäre heute Morgen doch Herzkatheter angesagt. Er wird aber schon gegen 11.20 Uhr wieder gebracht und bekommt mitgeteilt, dass sein Herzkatheter für heute abgesagt sei.

11.30 Uhr, ich bin innerlich ziemlich unruhig, fühle mich nicht gut – irgendwie leer und die Psyche ausgelaugt von den andauernd wechselnden Diagnosen, die mich heute, am 14.08.2013, noch genauso zwischen Hoffen und Bangen halten wie am 30.07.2013 nach der Aussage von Frau Dr. Kra. gegenüber mir, meiner Tochter und meiner Frau.

Ich wünsche mir fast, der Oberarzt Dr. von Li. käme und würde klipp und klar sagen: Herr Bischof, eine Operation ist unumgänglich, wir verlegen Sie morgen nach Heidelberg und Sie werden übermorgen operiert. Dann wüsste ich Bescheid, könnte meine Gedanken ordnen und allem viel gefasster ins Auge blicken – obwohl ich zu 99,95 % an eine Operation glaube, mich aber noch immer an die 0,5 % Strohhalm klammere.

Mittagessen – Rührei mit Salzkartoffeln und Spinat – hat geschmeckt, zuhause esse ich aber das Vierfache.

Der Nachmittag verläuft dann ohne nennenswerte Vorkommnisse. Der I., der Pferdehalter mir gegenüber, liegt pennend im Schlafanzug auf seinem Bett, bis seine Frau um 14.03 Uhr kommt, ihn abzuholen. Dem Redeschwall zufolge scheint sie ihn ganz schön zusammenzuscheißen, denn er beeilt sich sichtlich, in die Gänge zu kommen, und zehn Minuten später sind beide auch schon verschwunden.

Ansonsten passiert an diesem Nachmittag nichts Erwähnenswertes mehr, bis um 16.10 Uhr ein neuer Patient hereingelaufen kommt. Ein Bürstädter, ein Herr Die., wie ich mitkriege. Ich liege auf einer Krankenstation mit einem Bürstädter auf einem Zimmer – ich, ausgerechnet ich. Aber einem kaventen, wie sich später herausstellt. Er erzählt mir, dass er eine Herzklappen-OP hinter sich hat, aber seitdem 10 Wochen durch die Krankenhäuser geistert, inklusive Reha. Das macht mir ja jede Menge Mut. Na ja, vielleicht kriegen wir beide ja eine Jumelage oder heilende Verbindung zwischen unseren Eingeborenen-Dörfern hin, wenn das die Häuptlinge, Schader und noch Maier, nicht zustande bringen. Einen guten Anfang hat man ja vor 2 Jahren mit der Spargelwanderung schon gemacht. Trotzdem, hin und her gefrozzelt wird wohl immer werden.

16.40 Uhr. Heute kommt Schwester Ger. mal wieder zum Blutdruckmessen: 110/70/86, Temperatur 35.8 – hohohoho, ich habe Untertemperatur. Gleich darauf kommt auch das Nachtessen: 6 Scheiben Bierwurst, 1 Scheibe Käse, 20 Gr. Margarine, für Butter scheint kein Geld mehr da zu sein, 1 Tomate, 3 Scheiben Gurke, 2 Scheiben Vollkornbrot, eine Apfelsine. Und eine Tasse Pfefferminztee – ich putze alles weg, habe aber eine Stunde später auf einmal einen Mordskohldampf. Also ziehe ich mir eine Hose an, schlappe ans Bistro und decke mich ein: 1 Paar Rumwürste und drei *Snickers*, und bis Fußball anfängt, ist nichts mehr davon da.

Herr D. und ich unterhalten uns, da kommen um 19.20 Uhr die Schwestern und versuchen bei Herrn Cl. einen

66

Blasenkatheter zu legen, weil er vorhin kein Wasser lassen konnte und die Blase beim Abtasten der Bauchdecke ganz hart gewesen ist. Um 19.31 Uhr gehen sie, ohne Erfolgserlebnis, wieder, um genau um 20.00 Uhr wiederzukommen und Herrn Cl. zur urologischen Ambulanz zu fahren. Etwa eine Stunde später ist auch Herr Cl. wieder im Zimmer.

Herr D. und ich schauen Fußball und er macht mich auf einmal auf Herrn CL. aufmerksam, denn der ist aufgestanden und will vom Bett weglaufen, wahrscheinlich auf die Toilette, der Urinbeutel hängt aber auf der anderen Seite des Bettes und wir haben Angst, dass er sich den Blasenkatheter rausreißt. Ich bedeute ihm, stehen zu bleiben, und läute nach der Nachtschwester. Die bringt wieder alles ins Lot, beschwichtigt ihn, erklärt ihm, dass er nicht zur Toilette brauche, weil er einen Katheter habe, und bleibt, bis er sich wieder hinlegt hat. Gleich darauf ist er auch schon fest eingeschlafen.

Herr D. hat nach dem Länderspiel die Glotze abgeschaltet, ich schaue mir aber das Programm bis zu Ende an, schalte dann aus und schlafe schnell ein.

DONNERSTAG, 15.08.2013

Gut geschlafen – heute Nacht nicht geträumt – und ganz von alleine aufgewacht. Eine Schwester kommt um 06.55 Uhr messen. Blutdruck 140/80/84, Temperatur unter 35.9, wieder Untertemperatur oder wie man dazu sagt. Ich weiß gar nicht, ob das überhaupt gut ist oder nicht. Ist ja letztendlich auch egal – oder nicht? Herr A. sagt der Schwester, dass er noch keine Nadel für die Herzkatheter-Untersuchung gelegt bekommen habe, sie verspricht, sich darum zu kümmern.

Na ja – 07.05 Uhr, und ich widme mich meinem Vitalfrühstück, verlange noch einen Honig und eine Tasse Kaffee mehr und bekomme es auch und lasse es mir schmecken.

09.05 Uhr, der Blutbankzombie kommt, um bei Herrn D. Blut zu nehmen, scheint auf Anhieb geklappt zu haben.

Um 09.52 Uhr ist er schon wieder im Zimmer, um bei Herrn A. die Infusionsnadel zu legen, pläddelt um 09.57 wieder ab und kommt um 10.13 Uhr mit dem Stationsarzt Dr. M. wieder.

Nach 6 Minuten gehen beide – unverrichteter Dinge – wieder!!!

Um 10.50 Uhr erscheint der König der Venensucher wieder bei Herrn A. und hat doch dieses Mal innerhalb 2 Minuten eine Vene gefunden und die Nadel gesetzt. Hurra, Krankenhausrekord – guinessbuchverdächtig?! Ich glaube, der hat heute unser Zimmer gepachtet, denn um 11.04 Uhr ist er schon wieder da, um bei Herrn D. Blut abzunehmen. Um genau 11.24 Uhr geht er wieder – keinen Tropfen in der Röhre und viermal gesucht und gestochen. Scheint mit dem Crashkurs doch nicht so ganz geklappt zu haben. Eintrag fürs Guinessbuch wieder gestrichen.

Um 11.25 Uhr ist es für Herrn A., nach dreimaligem Terminverlegen, endlich so weit – er wird zum Herzkathetersetzen abgeholt.

11.39 Uhr, der junge Mann mit der Panzerglasbrille kommt schon wieder, dieses Mal, um Herrn Cl. Blut abzuzapfen. 11.45 Uhr geht er mit einem Erfolgserlebnis wieder aus dem Zimmer – aber so wunderschön einladend, wie die Venen bei Herr Cl. obenauf liegen, hätte die Nadel auch ein Blinder setzen können.

12.05 Uhr – Mittagessen ist angesagt. Für heute habe ich vegetarisch bestellt: Currygemüse mit Reis, dazu Tomaten und Gurkensalat. Wahrscheinlich haben sie das

Gemüse mit Ostereierfarben gelb gefärbt, denn von Currygeschmack keine Spur. Ich esse das Gemüse, die Gurkenscheiben und die Hälfte vom Reis, dann bin ich satt – glaube ich. Es schmeckt sowieso alles geradehinaus und alles gleich.

13.43 Uhr Herr A. ist wieder da und bekommt sein Mittagessen. Er hat schon seit zwei, drei Tagen so einen kurzen trockenen Husten – nicht andauernd, aber immer wieder hier und da.

14.00 Uhr, und ich habe alles notiert, was heute bisher abgelaufen ist, und höre jetzt auf zu schreiben.

14.40 Uhr. Eine Schwester kommt und misst bei Herrn Cl. und Herrn A. Blutdruck. Ich sage ihr, sie möge doch bei mir auch messen. Meine Werte: Blutdruck 120/60/60, der untere Wert dürfte ein klein wenig höher sein, meint sie und geht aus dem Zimmer.

Klaus kommt mich besuchen, es ist etwa 14.50 Uhr. Wir gehen wieder runter, sitzen im Außenbereich des Bistros, ich trinke eine Cola, er ein Wasser, und wir unterhalten uns angeregt: über Timo, über das Grillfest und darüber, dass die Ärzte immer noch im Dunkeln tappen und das erheblich an meinem Nervenkostüm zehrt. Wir reden eben über dieses und jenes. Ums Umgucken ist es dann schon wieder kurz nach 16.00 Uhr, wir gehen zurück und er verabschiedet sich.

Um 16.40 Uhr wird schon wieder das Nachtessen gebracht. 1 kalte Frikadelle, 2 Scheiben Vollkornbrot, 20 Gr. Margarine, 1 Döschen Kartoffelsalat, 1 Apfel und 1 Tasse Pfefferminztee. Just als ich beim Brotschmieren bin, kommen Jochen und Meinhardt und bringen mir den *Kicker*, die *Sport-Bild* und ein Körbchen Obst mit. Gegen ihre Proteste lasse ich das Nachtessen Nachtessen sein, und wir setzen uns draußen in die Halle. Sie wollen natürlich

69

auch ausgiebig unterrichtet sein, wie was wann eigentlich passiert ist und wie es weitergeht. Da muss ich ihnen leider sagen, dass ich nach 14 Tagen immer noch im Regen stehe, die Tendenz aber zu einer Operation geht. Kurz vor 17.00 Uhr verabschieden wir uns und sie gehen über den roten Steg Richtung Ausgang.

Ich gehe zurück und esse endlich mein Nachtessen auf, schaue dann Nachrichten und etwas Leichtathletik-WM. Herr Cl. bekommt Besuch, ich glaube, der ganze Clan ist ums Bett versammelt – für Italiener aber gediegen, ruhig und verhalten. Gegen 18.45 Uhr gehen sie wieder. Um 19.05 Uhr kommt Schwester J., die mit den vielen Tatoos an den Armen und Händen, ist aber eine Nette, und misst Blutdruck – bei mir 100/60/64, Temperatur 36.1. Wer hat auf dieser Welt schon einen besseren?, frage ich sie; sie schaut mich an, lächelt und sagt: 120/80/70 wäre optimaler – rums, das nächste Mal halte ich meinen Schnabel.

Den Rest des Abends verbringe ich, wie auch sonst, mit Fernsehen. Bis es um 20.40 Uhr auf einmal wieder hell im Zimmer und lebendig wird. Eine Ärztin kommt und versorgt Herrn Cl. mit einer Blutkonserve, das alles dauert etwa 20 Minuten, dann ist der ganze Spuk vorbei, die Ärztin wieder weg und das Zimmer dunkel. Nach dem Film *Devil*, der bei VOX lief, schalte ich das Gerät ab, drehe mich auf meine essigheiße Seite und schlafe nach etwa einer halben Stunde ein.

FREITAG, 16.08.2013

Noch fest schlafend werde ich um 06.45 Uhr von der Schwester geweckt. Gezeitenmessung, wie jeden Morgen. Mein Blutdruck heute 120/60/64, Temperatur 36.1, ich bin noch gar nicht richtig wach. Herr Ci. hat sich heute

Nacht drei-, viermal bald die Lunge aus dem Hals gehustet; wundert mich eigentlich, dass die nicht auf dem Bett liegt. Aber jeden Tag 3- bis 4-mal, und nicht nur nach dem Frühstück, in die Raucherzone marschieren und bloddzen.

08.05 Uhr, Warten auf das Frühstück, das auch gleich gebracht und auf dem Nachttisch gestellt wird. Vital natürlich, wie jeden Morgen, aber heute verlange ich mir noch einen Honig und drei Zucker mehr. Danach gehe ich duschen, und als ich gegen 08.40 Uhr wieder aus der Dusche komme, ist Herr Da. schon auf dem Weg zum Ultraschall.

Ich hole den Laptop aus dem Schrank, vervollständige den gestrigen Tag und schreibe auf, was heute Morgen schon alles gelaufen ist.

09.20 Uhr, Herr Cl. wird abgeholt, zur Pneumologie – Lungenfunktion testen. Herr A. liegt auf seinem Bett und schläft; 10 Minuten vorher hat mir gesagt, der Herzkatheter gestern hätte bestätigt, dass er ein gesundes Herz habe und er darüber doch recht froh sei.

09.40 Uhr, Herr Da. ist schon wieder im Zimmer, hat aber umgehend, 09.45 Uhr, den Blutbankzombie Herrn N. S. L. am Hals hängen. Scheint aber heute Morgen beim ersten Mal geklappt zu haben. Herr Da. sagt ihm, er solle doch gleich für den ganzen Tag abzapfen – wenn er schon einmal eine Vene gefunden habe. Wie gesagt *scheint* – denn 10 Minuten später ist er schon am anderen Arm, klopft ab, sucht und findet auch hoffentlich eine Vene. Dann kommt sein immer gleicher Spruch: Nicht erschrecken, gleich pikst es ein bisschen – aber er scheint von Herrn Di. kein Blut zu kriegen. Der sagt: Lassen Sie es, das wird nichts mit uns beiden. Herr N. S. L. räumt seine Utensilien zusammen und beschließt, blutlos zu gehen.

Herr Di. fragt ihn noch: Kommen Sie später noch einmal vorbei? Was Herr N. S. L. bejaht. Herr Di. wird abgeholt und Herr N. S. L. geht schnurstracks zu Herrn A. ans Bett, um Blut abzunehmen. Gleich beim ersten Anstich ist er erfolgreich und schon nach 5 Minuten um 10.12 Uhr aus dem Zimmer verschwunden. Es gibt doch noch kleine Wunder!

Um 10.45 Uhr kommt Herr Dr. Men. zur Visite – ohne Oberarzt –, hat immer noch keine Ergebnisse von Heidelberg und teilt mir mit, er habe mit dem Oberarzt wegen meines Wochenendurlaubs vorgefühlt und ich könnte, so er denn dann genehmigt wird, auf eigenes Risiko und nur nach vorheriger Unterschrift, gehen. Man müsse die nächste Woche noch einmal eine Blutkultur anlegen und der Termin in Heidelberg könne womöglich auch ganz kurzfristig zugesagt werden – wobei *kurzfristig* ein dehnbarer Begriff in diesem Klinikum zu sein scheint.

Der Blutmelker steht mittlerweile auch wieder am Bett von Herrn Di. und versucht, während Herr Dr. Men. mit Herrn A. spricht, eine Infusionsnadel zu legen. Schließlich muss das dann doch Dr. Men. richten, weil sich Herr Di. lauthals beschwert. Um 11.08 ist die Visite vorbei und um 11.29 Uhr wird Herr Di. vom Patiententransport zur Schluckecho-Untersuchung abgeholt.

11.55 Uhr – Mittagessen ist angesagt: 6 Fleischbällchen in der Größe von Marklklößchen, aber sie sind heute etwas würziger, Karottengemüse und Pfannipüree (Glattstrich); na ja, der Hunger treibt's hinein, auch gut.

13.35 Uhr, die Schwesternschülerin, die mit dem Kopftuch, kommt und misst Blutdruck – eigentlich außer der Reihe, aber was soll's – Blutdruck 120/70/72, also bestens.

Um 13.45 Uhr kommt mein guter Geist und wir gehen, wie jedes Mal, runter ins Bistro. Heute gibt's wieder mal Kalorien, einen schönen Eiskaffee. Wir schwätzen über dies und das – wie alles jetzt weitergeht, fragt sie mich.

Und ich muss ihr, wie jeden Tag seit dem 30.07., sagen: Ich weiß es nicht!

Ruck, zuck ist es dann schon wieder 15.30 Uhr, wir verabschieden uns und ich hoffe, dass ich Wochenendausgang bekomme. Kurz vor 16.00 Uhr beehrt uns Herr N. S. L. wieder mit seiner Blutbank und versucht bei Herrn A. Blut zu ergattern – nach viermaligem Versuch hat er endlich ein Erfolgserlebnis. Dr. M. bringt mir den Antrag zum Unterschreiben und kurz darauf Schwester J. die Genehmigung. Samstag wie Sonntag von 09.00 – 21.00 Uhr Ausgang. Also wird es nicht mit zuhause schlafen – schade, aber lieber den Spatz in der Hand als die Taube auf dem Dach.

16.45 Uhr. Das Nachtessen wird gebracht und der gute Mann, der es serviert, erinnert mich mit seinem Wesen sehr stark an Westerwelle oder – also, man merkt ihm an, dass er vom anderen Ufer ist …

Ansonsten passiert bis um 18.50 Uhr nichts Nennenswertes mehr, dann läuft der Clan der Löwen ein und versammelt sich um das Bett von Herrn Cl.: vier Frauen, vier Männer und ein italienische Gelabere, dass man glauben könne, man säße mitten in Italien in einer Pizzeria.

Kaum ist diese Inspiration zu Ende gedacht, erscheint eine neunte Person, eine junge Frau mit zwei großen Kartons, und fünf Minuten später hat tatsächlich jeder ein Stück in der Hand und das ganze Zimmer stinkt nach Pizza. Es dauert bis genau 20.37 Uhr, bis sich die Party auflöst und endlich alles, außer dem Pizzageruch im Zimmer, verschwunden ist. Ich finde das eine Zumutung und einen untragbaren Zustand der Intoleranz. Vor allem den anderen Patienten gegenüber, und es will mir ums Verrecken nicht in den Kopf, wieso die Stationsleitung solche störenden Situationen duldet.

Gegen 23.20 Uhr schalte ich das Fernsehgerät ab und schlafe ein.

SAMSTAG, 17.08.2013

Trotz der Husterei von Herrn Cl. habe ich einigermaßen gut geschlafen und bin gegen 06.30 aufgewacht. Um 07.15 Uhr kommt eine Schwester messen. Blutdruck 130/70/64, Temperatur 36.2, oberbestens. Waschen – kurz danach sitzen wir alle Drei, bis auf Herrn Cl., auf der Bettkante und warten wie das Vieh im Stall am Trog auf das Frühstück. Ich bin ganz besonders ungeduldig, denn ich will ja dann so schnell wie möglich nach Hause. Nachdem ich gefrühstückt habe, gehe ich über den roten Steg nach draußen und fünf Minuten später kommt mein guter Geist und holt mich ab.

Ich genieße jede Stunde zuhause, gehe durch unseren Garten, esse Tomaten vom Stock, koche mir saure Kartoffelbrühe mit Leber- und Blutwurst, trinke einen guten Tchibo-Kaffee.

Später nachmittags gehen wir zu meinem liebsten Schwager, weil mein einziger, unterhalten uns, trinken etwas, und gegen 19.00 Uhr fährt er mich wieder zurück ins Klinikum.

Ich melde mich sofort vorne bei den Schwestern vom Ausgang zurück, gehe ins Zimmer, und da hockt doch der Clan von gestern Abend, allerdings mit zwei Leuten weniger, schon wieder ums Bett von Herr Cl., und ich sage mir: Wenn da heute Abend wieder Pizza angesagt ist, lasse ich mir von der Nachtschwester eine Bettpfanne oder einen Toilettenstuhl bringen, und dann will ich mal sehen, wer in diesem Krankenzimmer welchen Gestank länger aussitzt. Eine Hemmschwelle diesbezüglich hätte ich ganz bestimmt nicht. Gott sei Dank verabschieden sie sich aber zügig und verlassen um 19.55 Uhr miteinander das Zimmer.

Der Rest des Abends besteht aus Fernsehen und anschließend Schlafen

Schwester Gerl. weckt um 06.20 Uhr zum Blutdruck- und Temperaturmessen. 120/60/60, Temperatur 36.2, gesünder kann man eigentlich ja gar nicht sein. Ich schlafe dann doch noch einmal ein und werde um 07.40 wach, mache mich frisch, frühstücke – Körnerfrühstück und eine Tasse *Kaffee Hag*, dann marschiere ich um 08.35 Uhr den roten Steg hinunter Richtung Neckar, gehe an den Parkplatz, wo meine Frau schon wartet, und ab geht's in Richtung Heimat – denn heute habe ich Urlaub bekommen, weil die Volksbühne heute Grillfest hat. Ich muss aber um 19.00 Uhr wieder in der Klinik sein. Trotzdem freue ich mich wie ein Schneekönig, die vielen bekannten Gesichter wiederzusehen.

Es gibt dann auch ein großes Begrüßung-Hallo und ich genieße den Tag im Kreise meiner Volksbühne und unseres Publikums, das doch zahlreich erschienen ist und sich ausgiebig der Völlerei widmet. Viel zu schnell läuft die Zeit davon und mein Schwager fährt mich gegen 18.30 Uhr wieder zurück ins Klinikum. Ich verabschiede mich, gehe wieder den roten Steg hinauf, melde mich zurück, gehe aufs Zimmer, mache mich bettfertig und lasse den Tag noch einmal an mir vorüberziehen. Dann schaue ich noch etwas fern und schlafe gegen 23.50 Uhr zufrieden ein.

06.10 Uhr – das Rattern der Eisenrollen an der Rollstuhlwaage weckt mich auf. Die Schwesternschülerin wiegt
Herrn Cl.: 48,3 kg. Der hat heute Nacht wieder gehustet,
dass die Lungenflügel Beifall geklatscht haben.

06.25, und die Schwester, die kleine Stämmige mit dem
Bubikopf, kommt zum Messen. Blutdruck 140/70/64,
Temperatur 36.0, da gibt's doch nichts zu meckern. 06.50
Uhr Frühstück.

Danach wasche ich mich und fange an zu schreiben –
bin ja schließlich 2 Tage im Rückstand. Um 10.20 Uhr
kommt Dr. M. zur Visite und teilt mir mit, dass von Heidelberg noch immer keine Antwort gekommen sei – aber
man warte stündlich darauf.

Herr A. hat Besuch von einer hübschen jungen Physiotherapeutin und Herr D. kriegt um 10.32 Uhr Besuch von
unser aller Liebling – na, von wem wohl? Natürlich, der
Vampir ist wieder da!!! Es geht wieder los – klopfen, Venen
suchen, viermal gestochen und nichts bekommen, er geht
um 10.53 Uhr und sagt Herrn D., er käme mit einem Arzt
wieder.

11.03 Uhr, und vier Mann hoch läuft die Besucherko-
horte bei Herrn Cl. ein. Gott sei Dank erfahren wir kurze
Zeit später: Er wird verlegt, einen Stock höher, 3,50 m nä-
her bei Gott.

11.45 Uhr, zum Mittagessen bekomme ich heute Putengeschnetzeltes mit Bandnudeln, Brokkoli in Tomatensoße und Karottensalat – essbar und das Beste bis dato.

12.17 Uhr. Vampir N. S. L. taucht wie versprochen mit
einer Ärztin bei Herrn D. auf. Die legt eine Nadel und
geht um 12.29 Uhr mit gefüllten Ampullen wieder aus
dem Zimmer. Ge- oder verfolgt, wie immer man das sehen

will, von N. S. L., dem Blutbank-Zombie, der brav dabei-gestanden und ihr zugesehen hat.

Meine frühere Freundin kommt um 14.25 Uhr und wir schlendern Hand in Hand wieder runter zum Bistro, gönnen uns einen Milchkaffee und ich mir dazu noch ein Stück Käsekuchen. Hat gut geschmeckt. Wir sprechen noch über gestern und vorgestern, ich kaufe mir noch zwei Rumwürste und eine Brezel, dann gehen wir gegen 15.10 Uhr wieder zurück aufs Zimmer und verabschieden uns kurz danach draußen am roten Steg. Heute bleibe ich et-was länger stehen, pfeife ihr noch mal, und als sie sich ganz unten noch mal umdreht, winken wir uns, dann ist sie weg.

16.45 Uhr, und pünktlich wie immer, 10 Minuten rauf oder runter, kommt das Nachtessen. Heute 3 Scheiben Herzwurst, 2 Scheiben Tilsiter, 20 Gr. Margarine, 1 große, 2 kleine Tomaten, 2 Scheiben Vollkornbrot und ein Pfef-ferminztee. Hatte ich ja auch so bestellt.

16.55 Uhr. Dr. M. kommt und nimmt Blut ab bei Herrn D., sagt ihm gleichzeitig, wenn die Laboruntersuchung bis morgen früh keine Beanstandungen ergibt, könne er mor-gen nach Hause. Dann dreht er sich zu mir und teilt mir mit, dass von Heidelberg noch immer nichts vorliegt und er etwas später telefonieren und mich informieren werde. Ab 18.00 Uhr habe ich aber jedwede Hoffnung aufgege-ben, dass ich heute noch etwas in Erfahrung bringen kann – es hat sich eigentlich in den letzten 15 Tagen nichts zum Positiven verändert, außer dass das Personal, egal ob Rei-nigungs- oder Verpflegungspersonal oder die Schwestern, immer gleichbleibend freundlich und hilfsbereit ist.

Bis um 20.15 Uhr das Fußballspiel Union Berlin – For-tuna Düsseldorf übertragen wird, lungere ich im Bett he-rum, schaue mir dann das Spiel an, mache den Fernseher aus und schlafe kurz darauf ein.

Ich habe fest und ohne zu träumen geschlafen, bis mich Schwester J. um 06.30 weckt. Messen ist angesagt, wie jeden Morgen. Blutdruck 120/60/60, Temperatur 36.0, wie immer vor der Tabletteneinnahme. Um 06.50 Uhr Frühstück, dann ist Hygiene nötig und um 08.15 Uhr kommt die Putzfrau, gut gelaunt wie jeden Tag. 09.00 Uhr Neueinlieferung, die links neben mir einquartiert wird.

Fünf Minuten später werde ich zum Langzeit-EKG abgeholt, bin aber 10 Minuten später schon wieder im Zimmer, um mitzubekommen, dass eine Medizinstudentin die Befragung des Neuankömmlings, seine Medikamente, Schmerzen usw. betreffend, macht.

10.30 Uhr, und auf einmal steht ein fremder Mann im Zimmer, geht auf das Bett links von mir zu und sagt zu dem neu Angekommenen: Sie liegen in meinem, und fängt an, auf dessen Nachttisch und in seinen Utensilien rumzufuhrwerken. Der scheint mir doch gewaltig neben seinen Schuhen zu laufen. Ich sage ihm mit Nachdruck, dass er im verkehrten Zimmer ist und gefälligst – aber schnell – die Finger von fremden Sachen lassen und sich zu den Schwestern begeben soll. Als mir dann Herr D. noch zur Seite steht, verschwindet er schnell und später hören wir, dass er einen Stock tiefer liegt und womöglich etwas kirre im Kopf sei.

10.50 Uhr. Dr. M. kommt mit der Medizinstudentin zur Visite ins Zimmer – beide horchen mein Herz ab, Dr. M. erklärt mir, das Langzeit-EKG sei noch notwendig, denn man habe ja noch keines gemacht und Heidelberg würde sich heute Nachmittag melden. Herrn D. sagt er, die Blutwerte seien O. K., und gegen 14.00 Uhr könne er das Krankenhaus verlassen, was dieser mit einem breiten

Lächeln im Gesicht zur Kenntnis nimmt. Dann kurz noch nach Herrn A. geschaut und beide sind wieder entschwunden.

11.45 Uhr Mittagessen und ich habe einen Hunger wie ein Bär, obwohl ich gestern Abend noch die zwei Würste, 2 große Nektarinen und die Brezel verdrückt habe. Für heute hatte ich mir Makkaroni mit Thunfisch, Oliven, Kapern in Tomatensoße, einen Salat und Nachtisch bestellt. Die Makkaroni waren al dente verkocht, aber sonst konnte man es essen. Die rote Grütze erinnert mich an Limy – so eine grüne, schlabberige, geleeartige Masse, mit der früher Kinder gespielt haben, oft zum Unwillen ihrer Eltern. Augen zu und durch – ich habe sie weggeputzt, die Grütze.

Nach dem Mittagessen kommt Frau D. mit ihrer Tochter, um Herrn D. abzuholen. Ich verabschiede mich von ihm und gehe ans Bistro, hole mir 2 Brezeln und zwei Würste, dann anschließend an die Information im Haus 6 und kaufe mir einen neuen Kopfhörer; bei dem, den ich habe, scheint ein Kabel gebrochen zu sein. Als ich um 14.35 Uhr zurückkomme, sind alle drei schon weg in Richtung Heimat.

15.10 Uhr – es kommt ein neuer Patient ins Bett links neben mir, ein Herr. Ga. Ich liege mich aufs Bett und döse vor mich hin, bis mich ein Schmerz in der rechten Achselhöhle wach werden lässt. Ich kremple den Schlafanzug in die Höhe und merke, dass mich eine Wespe sticht, kann sie aber nicht wegmachen, da ich ja auf dieser Seite nichts sehe. Ich laufe aus dem Zimmer, suche eine der Schwestern, ca. 2 bis 3 Minuten lang, bis ich eine sehe, die die Wespe dann wegschlägt und den Stich sofort desinfiziert; 5 Minuten später kommt eine andere Schwester und bringt mir eine Kompresse zum Auflegen.

Dr. M. kommt gegen 16.00 Uhr und informiert mich mit knappen, aber präzisen Worten:

Herr Bischof, wir werden Sie am Freitag nach Heidelberg verlegen – Ihr OP-Termin ist dann gleich Montagmorgen, der 26.08. Ob ich momentan noch irgendwelche Fragen hätte, möchte er wissen, was ich verneine. Als er wieder gegangen ist, weiß ich gar nicht, wie ich meine Gefühlslage beschreiben soll, aber die Mitteilung, auf die ich ja schon 5 Tage gewartet habe, immer mit noch 0,5 % Hoffnung auf eine bessere Nachricht, hat mich dann doch vollkommen unvorbereitet und knallhart getroffen.

Ich fühle mich, ich weiß nicht wie lange, leer – so als ob man mir die Eingeweide herausgezogen hätte. Herr A., der das alles mitgehört hat, sitzt auf der Bettkante, schaut mich an, merkt wahrscheinlich an meinem Gesicht, dass es mir gerade nicht so gut geht, und sagt dann mit einem väterlichen Lächeln: So ist das nun mal, Herr Bischof, Sie haben A gesagt, nun müssen Sie auch B sagen können. Und komischerweise geht es mir nach diesem Satz etwas besser. Ich verarbeite die Nachricht noch einige Minuten für mich, rufe dann meine Tochter und meine Frau an, um ihnen zu sagen, dass der kommende Montag der Tag des Herrn sei.

Meine Frau scheint an meiner Stimme zu merken, dass es mir immer noch nicht so gut geht, und fragt, ob sie heute Abend noch kommen soll. Ich wiegle ab, weil ich nicht möchte, dass sie mich so niedergedrückt sieht, und sage ihr, dass sie ja morgen sowieso wiederkomme, das würde reichen.

Nach dem Nachtessen um 16.55 Uhr – 3 Scheiben Mortadella, 2 Scheiben Räucherkäse, 1 Tomate, 20 Gr. Butter, zwei Scheiben Vollkornbrot, eine Pflaume und eine Tasse Pfefferminztee – rufe ich meinen Schwager auf dem

Handy an und teile ihm die Neuigkeiten mit, bitte ihn jedoch, sich auch gleichzeitig um die Feuchtigkeit im Anbau des Vorderhauses zu kümmern, und gebe ihm Vollmacht für alle für ihn ersichtlich notwendigen Maßnahmen.

Um 18.55 Uhr sitze ich auf der Bettkante und schreibe alles auf, was heute so vorgekommen ist, dann rufe ich meinen Schwager an, um ihm zu sagen, was wann passiert.

20.10 Uhr, mein Handy klingelt. Unser Sohn ruft aus Corning/New York an, macht mir noch mal Mut und verabschiedet sich nach 15 Minuten mit den Worten: Wir sehen uns Sonntag, Daddy. Das zieht mich emotional noch einmal ganz schön in den Keller, aber nach einer Viertelstunde habe ich mich wieder im Griff und sehe den Rest des Abends fern. Verdrücke noch die eine Brezel mitsamt der Rumwurst, um mich dann nach dem Handballspiel schlafen zu legen.

MITTWOCH, 21.08.2013

Eine Scheißnacht – habe nicht lange, auch nicht sonderlich gut geschlafen und Mist geträumt. Ich liege mit einem zweiten Mann auf einem OP-Tisch, die Ärzte diskutieren, wer als Erster drankommt, dann noch einige Situationen, die mir gar nicht mehr einfallen. Wahrscheinlich hat mich die Nachricht der nun doch kurzfristig anberaumten OP noch im Schlaf beschäftigt. Ich bin dann aber irgendwann doch fest eingeschlafen, bis mich die Schwester um 05.10 Uhr sanft weckt und das Langzeit-EKG abnimmt. Danach schlafe ich noch einmal fest ein, träume aber wieder blödes Zeug. Ich werde mitsamt dem Bett durch eine Straße geschoben, der Krankenpfleger klingelt an verschiedenen Türen, aber niemand macht auf, um mich hereinzulassen. Schwester J. erlöst mich von diesem Alptraum um 06.40

Uhr, sie kommt zum Messen. Blutdruck 120/70/60, Temperatur 36.0 – das sind doch wohl beste Voraussetzungen für eine bevorstehende OP.

Herr A. wird heute Morgen wieder gewogen, und um 07.20 Uhr sitze ich frisch geduscht wieder auf meiner Bettkante und warte auf das Frühstück.

Um 07.40 Uhr kommt meine Vital-Kost und während wir frühstücken, wird ein neuer Patient hereingebracht. Nun ist die Bude wieder voll. Herr D., der gestern kam, wird um 08.50 Uhr zu einer OP abgeholt und der Neue von der Medizinstudentin, die uns gestern schon beehrt hatte, befragt. Die hübsche junge Physiotherapeutin kommt wieder zu Herrn A., geht mit ihm auf den Gang, um einige Übungen zu machen, und 10 Minuten später ist er wieder im Zimmer.

10.15 Uhr. Dr. M. kommt mit der Medizinstudentin zur Visite, er erklärt Herrn A., dass er übermorgen nach Hause entlassen werde und man sich noch um einen sozialen Dienst für ihn kümmern werde. Sie kommen dann zu mir ans Bett und er teilt mir mit, dass die Chirurgen in Heidelberg mich über den Verlauf der anstehenden OP informieren, man aber noch immer nicht mit Gewissheit sagen könne, ob das murmelgroße Anhängsel an der Herzklappe ein Tumor oder ein großer Thrombus ist. Er ist aber, meine gesundheitliche Konstitution betreffend, sehr zuversichtlich, dass ich – so keine Komplikationen auftreten – in drei Wochen schon wieder zuhause sein könnte, um dann eine Reha anzutreten.

Nun ja, wenn keiner der Spezialisten herausfinden kann, was dieses Ding ist, wird es sich damit wohl folgendermaßen verhalten: Dieses Anhängsel ist die abgebrochene Spitze des Pfeiles, mit dem mich Amor am 27.08.1961 gegen 16.30 Uhr getroffen hat, als ich meine heutige Frau in einem rosa Kleid mit Petticoat die Treppe herunterkommen sah und sich anschickte, auf die Sandhöfer Kerwe zu gehen.

Ich rufe nacheinander Gerd und Klaus an, um ihnen zu sagen, was Fakt ist, und um 10. 32 Uhr meldet sich Partner Peter – was mich ganz besonders freut –, um die letzten Neuigkeiten zu erfahren. Er verabschiedet sich und verspricht, sich mit meiner Frau kurzzuschließen, um auf dem Laufenden zu bleiben und mich nach der OP besuchen zu können. Ich sitze auf dem Bett und schreibe – die beiden Mitpatienten Herr A. und der Neue schlafen fest und ich sinniere, erinnere mich mal 3 Wochen lang zurück und stelle für mich fest, dass es ein Phänomen ist, denn 90 % der neu eingelieferten Patienten legen sich, nachdem sie ihr Flügelhemdchen oder einen Pyjama angezogen haben, in ihr Bett und sind spätestens 30 Minuten später fest eingeschlafen, egal um welche Uhrzeit sie ankommen.

11.31 Uhr. Herr D. hat seine Herzkatheter-OP hinter sich und wird wieder ins Zimmer geschoben, während ich um 11.50 Uhr zum EKG abgeholt werde. Das geht mir über die Hutschnur, denn knapp 7 Stunden vorher hat man mir das Langzeit-EKG abgehängt. Na ja, egal, sage ich mir, die müssen wissen, was sie machen und was notwendig ist. Um 12.01 Uhr bin ich zu meiner Überraschung schon wieder da, ich bin hochgelaufen – denn noch einmal 35 oder 40 Minuten auf den Transport warten wollte ich nicht. Gerade rechtzeitig zum Mittagessen. Spirelli-Nudeln mit Gulasch vom Rind – bis auf die Nudeln, die eigentlich immer verkocht sind, egal welche es gibt, konnte man es essen.

12.30 Uhr. Herr Dau. ist nun wieder voll wach und bekommt auf Verlangen auch einen Mittagstisch, mit der

Order der Schwester, flach liegen zu bleiben, man würde ihm das Bett zum Essen schon in die Schräge stellen.

Wir dösen anschließend alle vier vor uns hin, bis Herr B. um 13.50 Uhr zu seiner OP abgeholt wird.

13.55 Uhr, ich laufe vor an den roten Steg und warte 20 Minuten, ob ich meinen guten Geist kommen sehe, aber nichts da – gehe dann eben wieder aufs Zimmer. Halte es aber nicht allzu lange aus und bin um 15.30 Uhr schon wieder dort und sehe sie auch wirklich anfahren. Ich verstecke mich in einem Seitengang, lasse sie, ohne dass sie mich bemerkt, an mir vorbeilaufen und schleiche hinter ihr her. Huste dann einmal, sie dreht sich um und wir lachen über den gelungenen Streich. Sie bringt Tomaten aus dem Garten und Nektarinen mit. Wie immer laufen wir zum Bistro und ich genehmige mir wieder einen Eiskaffee. Wer weiß, ob das der letzte ist für einige Zeit. Sie richtet mir Grüße von ich weiß nicht mehr wem alles aus, ich rufe Claudia an und gratuliere ihr zum Geburtstag. Wir erzählen, und ums Umschauen ist eine Stunde um und wir traben langsam zur Station zurück.

Noch kurz ein paar Sätze gewechselt und sie ist wieder auf dem Heimweg.

15.50 Uhr – Herr Da. bekommt Besuch von einem Arzt der Gefäßabteilung, der mit ihm über seine Probleme und eventuelle Maßnahmen zur Beseitigung spricht.

16.18 Uhr. Herr Ba. hat ebenfalls seine OP hinter sich, wird hereingeschoben und ist eigentlich ziemlich fit.

16.35 Uhr, Nachtessens-Zeit – 7 Scheiben Schwartenmagen, 20 Gr. Butter, 1 Senf, 1 Gewürzgurke, 1 Tomate, 2 Scheiben Vollkornbrot und eine Tasse Pfefferminztee. Ich ergänze das mit einer Brezel, einer Mannheimer Rumwurst und danach 2 Nektarinen. Die Butter und den Senf lasse ich wieder zurückgehen.

18.20 Uhr, meine Tochter ruft mich an, sagt mir, sie hätte mit der Sekretärin der Herzstation in Heidelberg gesprochen – die zuständigen Chirurgen, Anästhesisten etc. würden mit mir, wenn ich am Freitag verlegt sei, ein ausführliches Gespräch über meine bevorstehende Operation führen; aber sie möchte – genau wie meine Frau – bei diesen Gesprächen dabei sein.

Ich lege mich ins Bett, schalte D-MAX ein und dann später um auf das Schalke-04-Spiel. Verputze dabei noch die eine Brezel und die Rumwurst und runde das alles mit einer Nektarine ab.

Nach der Übertragung schaue ich noch kurz die restlichen Sportnachrichten, schalte aus und lege mich schlafen.

DONNERSTAG, 22.08.2013

Eine ruhige Nacht, bis gegen 03.00 Uhr plötzlich Licht angeht und eine gewisse Unruhe mit Klappern und Rücken einhergeht. Das kriege ich aber nur im Halbschlaf mit – schlafe dann wieder ein, bis mich Schwester J. um 06.30 Uhr weckt, um zu messen. Blutdruck 120/80/64, Temperatur 36.0. Als die Schwesternschülerin, die mit dem Kopftuch, kommt, um Herrn A. zu wiegen, lasse ich mich anschließend auch wiegen: 88.2 kg – 300 Gr. mehr als beim letzten Mal, das sind bestimmt die Brezel und Würste von gestern Abend. Da merke ich, dass Bett und Nachttisch von Herrn Ba. nicht mehr im Zimmer stehen, und ich nehme an, dass er verlegt wurde. Aber ich habe noch nicht zu Ende gedacht, da rollt er sein Bett Schlag 07.00 Uhr selbst wieder herein. Nachdem er es wieder platziert hat, dreht er sich zu uns und entschuldigt sich: Es ginge nicht gegen irgendeinen von uns hier im Zimmer, aber er sei extrem geräuschempfindlich und habe sich deswegen heute

Nacht auf den Gang umquartiert. Verstehe das, wer will – auf dem Gang ist es nämlich nachts um einiges lauter als bei uns hier im Zimmer. Aber des Menschen Wille ist sein Himmelreich.

Um 07.40 Uhr Frühstück und um 08.40 wird Herr Da. abgeholt. Um 09.06 Uhr kommt Dr. K. nimmt bei Herrn Ba. Blut und sagt ihm, dass er noch zum Ultraschall müsse. Der versteht die Welt nicht mehr, denn er hat schon gepackt und ist fix und fertig zum Nach-Hause-Gehen. Nun sitzt er ganz schön geplättet auf seiner Bettkante und harret dessen, was da noch kommt. Meine Frau ruft mich an und beschwert sich, weil ich heute Morgen noch nicht angerufen habe – ich wiegle ab und sage: Wir sehen uns ja heute Mittag wieder.

10.00 Uhr. Herr Da. ist mittlerweile wieder in seinem Bett, Schwester B. legt ihm eine Infusion, Dr. M. nimmt noch einmal Blut ab und sagt ihm, dass er nach dem Mittagessen nach Hause gehen könne – von den Gefäßchirurgen, die gestern Mittag von ihm wissen wollten, ob er sich operieren ließe, und heute Morgen noch einmal vorbeischauen wollten, keine Spur.

11.50 Uhr, Mittagessenszeit: Heute mit mediterranem Menü, Maultaschen, Penne-Nudeln – etwas angehängt wegen der Röstaromen, aber mit Soße –, Gurken, Tomatensalat, ein Pudding mit Vanillegeschmack und aufgeschlagener Sahne, was mich alles eher an eine Vanillesoße erinnert. Herr Ba. ist schon eine ganze Stunde aus dem Zimmer – seine gepackte Tasche ist auch weg.

Um 12.35 Uhr wird Herr Da. von seiner Frau abgeholt. Sie fragt mich, ob sich ihr Mann nun zu einer Operation entschieden hätte, und ich sage ihr: Da müssen Sie ihn schon selber fragen, von den Gefäßspezialisten, die gestern versprochen hatten, noch einmal zu kommen, um alles durchzusprechen, ist heute keiner da gewesen. Beide verabschieden sich kopfschüttelnd und wünschen mir alles Gute.

Um 14.10 Uhr kommt endlich meine Frau – ich vermisse sie sehr, jeden Tag mehr. Wir gehen ins Bistro. Sie trinkt einen Eiskaffee, ich ein Mineralwasser, und wir plaudern über dies und jenes; gegen 15.30 Uhr dränge ich sie, wieder nach Hause zu fahren. Kaum haben wir uns verabschiedet, kommen mich die Schwiegereltern meines Sohnes besuchen.

Sie haben selbst ihr Päckchen zu tragen und es freut mich außerordentlich, dass sie sich aufgerappelt haben, mich zu besuchen. Also wieder ans Bistro schlappen, einen Milchkaffee trinken, und gegen 16.30 Uhr verabschieden sie sich und gehen wieder.

Zurück auf dem Zimmer kriegen wir um 17.00 Uhr einen neuen Patienten, und seinem Benehmen nach ist er ein richtiges Saugesicht. Um 18.00 Uhr schaue ich fern – Fußball Schalke 04 –, dann kommt auch schon das Nachtessen: 3 Scheiben Edamer, 20 Gr. Streichkäse, 20 Gr. Butter, Salat ohne Dressing, dafür aber mit Fruchtjoghurt. Na ja, der Hunger treibt es hinein.

20.15 Uhr, es ist wieder Fußball angesagt, VFB Stuttgart, danach Fernseher aus und schlafen – bis gegen 01.00 Uhr, denn dann geht es ziemlich lärmend zu in unserem Zimmer, Licht an, Bett abräumen, ein neuer Patient wird eingeliefert. Ich liege noch eine Zeitlang wach und grüble darüber nach, wieso von den Ärzten nach unzähligen Torturen und Untersuchungen niemand etwas mit Gewissheit sagen kann, sondern nur vermutet. Die Kardiologen vermuten einen Tumor auf der Herzklappe, die Radiologen ein Blutgerinnsel, die Internisten gehen noch immer von einer Entzündung aus und ich vermute: Zieht man noch einen Urologen mit hinzu, vermutet der, ich sei der erste Mann auf der Welt mit einem Schlupfhoden auf der Herzklappe. Mit vielen wirren Gedanken im Kopf schlafe ich endlich irgendwann dann doch noch ein.

FREITAG, 23.08.2013

Ich habe eine äußerst unruhige Nacht verbracht, nicht nur wegen der Gedanken an meine Situation, sondern hauptsächlich wegen des Saugesichts auf der linken Seite, der die halbe Nacht vor sich hingepienst, gejammert und andauernd nach der Nachtschwester geläutet hat. Die dann auch mindestens dreimal gekommen ist – also nach ihm geschaut hat, meine ich natürlich.

Um 06.30 Uhr kommt Schwester B., misst Blutdruck (110/60/64) und Temperatur (36.6) – also wieder einmal bestens. Um 07.30 Uhr Frühstück, dann geht es duschen, packen, den Verlegebrief nach Heidelberg abholen und auf die Taxe warten, die mich dann gegen 08.50 abholt und um 09.25 in Heidelberg abliefert.

Nun sollte man meinen, es gehe alles seinen Gang, doch weit gefehlt. Als ob von Mannheim keinerlei Infos nach Heidelberg gemailt, gefaxt oder wie auch immer übermittelt worden wären, sitze ich nun in der Aufnahme in Heidelberg und werde nach Krankenkassenkärtchen, Privat- oder Zusatzversicherung, Personalien, Wohnort etc. etc. abgefragt.

Dann wieder hoch auf Station 5 – meine Frau und meine Tochter warten da schon auf mich. Dort kriege ich ein Zimmer zugewiesen, ca. 12 qm für 3 Betten, und werde umgehend zum Röntgen (Herz und Lunge) und EKG abgeholt. Zurück auf dem Zimmer, fülle ich den medizinischen Fragebogen aus und gehe anschließend mit der

Schwester, um die für die Klinik notwendigen Abstriche (Mund – Nase – After) durchführen zu lassen.

11.40 Uhr, meine Frau und meine Tochter gehen in dieser Zeit ins Kasino Mittag essen. Nachdem sie zurück sind, warten wir gemeinsam auf die Stationsärztin und die Sozialarbeiterin. Um 12.35 Uhr bekomme ich ein Mittagessen, Hackbraten mit Soße, Nudeln und Salat und einen Obstjoghurt. Es ist – auch von der Optik her – eine Offenbarung gegenüber dem faden Fraß, den ich in Mannheim bekommen habe.

Endlich, um 14.25 Uhr, erscheint die Stationsärztin Frau Dr. Wa., legt mir sofort einen Zugang für die Heparin-Infusionen und nimmt Blut ab. Dabei beginnt sie ein Aufklärungsgespräch, in dessen Verlauf ich mich für eine biologische Herzklappe entscheide, da mir dadurch die Einnahme von Marcumar nach der OP erspart bleibt. Meine Frau fängt während des Gesprächs an zu weinen ob der ganzen Dinge, die auf mich zukommen werden, und meine Tochter meint, sie seien nun vorerst gut genug informiert, nimmt meine Frau ins Schlepptau und um 15.10 Uhr verabschieden sie sich.

16.25 Uhr – die Anästhesistin erscheint und erklärt mir ausführlich, was mit mir kurz vor der OP alles veranstaltet wird …

17.50 Uhr – das Nachtessen wird gebracht: 4 Scheiben Salami, 3 Scheiben Edamer, 20 Gr. Butter, 1 Scheibe Gurke und ein Naturjoghurt. Nachdem ich gegessen habe, richte ich noch meinen Nachttisch und den Schrank ein, lege mich hin und schlafe mit allerlei wirren Gedanken im Kopf endlich gegen 20.45 Uhr ein.

Habe bis 02.35 Uhr durchgeschlafen und werde dann von einem Mordsradau auf dem Gang geweckt, denn da hallt und klappert es in reger Betriebsamkeit wie in einer Fabrikhalle.

08.00 Uhr, eine Schwester kommt Blutdruck messen (130/70/64), Temperatur 36.2, Gewicht auf dem Gang selber gewogen: 86.8 kg.

Station 5 ist eingerichtet wie in den 70er Jahren, ein Waschtisch mit Spiegel, und durch das 3. Bett in dem Riesenzimmer ist alles so beengt, dass niemand so richtig an seinen Schrank kommt, ohne den Patienten, der im ersten Bett liegt, zu belästigen, da von den 3 Schranktüren auch noch 2 verkehrt herum angeschlagen sind. Duschen und WC befinden sich auf dem Gang, und das für 20 bis 30 (?) Patienten, dagegen ist das Klinikum in Mannheim nun wieder ein Drei-Sterne-Hotel.

12.30 Uhr, das Mittagessen kommt: Eintopf mit Rindswurst, 1 Brötchen, Salat, und ich kann es fast nicht glauben: So einfach und so gut, fast wie von mir selbst gekocht.

14.30 Uhr, Schwester He. kommt Blutdruck messen (110/60/64), Temperatur 36.4. Ich frage mich schon seit Tagen: Bin ich bei diesen Werten überhaupt krank?

14.30 Uhr. Meine Frau und mein Schwager kommen, und während wir uns draußen in der Halle unterhalten, ruft mein Sohn an, der sich aus beruflichen Gründen in Amerika befindet, und erkundigt sich nach dem Stand der Dinge. Eine Situation, die mich emotional sehr bewegt.

15.35 Uhr, meine Frau und mein Schwager verabschieden sich wieder und ich gehe mit meinem rollenden Infusionsflaschenhalter wieder zurück ins Zimmer, höre SWR 1, denn meine Frau hat mir ein Radio mitgebracht.

Ich lese die LZ-Zeitung dabei und nehme eine Pravastatin-Tablette ein.

17.50 Uhr, das Nachtessen kommt: 4 Scheiben Bierschinken, 1 Streichkäse, 40 Gr. Butter, 4 Radieschen, 3 Scheiben Vollkornbrot, 1 Scheibe Toastbrot und ein Joghurt. Das putze ich alles weg, höre anschließend noch Radio und schlafe gegen 10.30 Uhr ein.

SONNTAG, 25.08.2013

Ich habe fest geschlafen, *wenn* ich geschlafen habe – bis um 02.10 Uhr, dann weckt mich die Nachtschwester, die nach Herrn Hu. sieht. Ich schlafe wieder ein und bin um 04.40 Uhr wieder wach durch den Krach und die lauten Unterhaltungen draußen auf dem Gang, dusele aber wieder ein, bis mich die Schwester um 07.10 Uhr weckt, um Blutdruck zu messen (120/70/64), Temperatur (35.9) und Gewicht (85,8 kg). Ich nehme eine Tablette ein und um 08.15 kommt Frau Dr. Wa. und nimmt Blut ab und teilt mir mit, dass die für morgen geplante OP wahrscheinlich erst am Dienstag durchgeführt werde, weil der Chefchirurg Prof. Dr. S. meinen Fall, den er als äußerst selten bezeichnet, erst noch einmal mit seinem Chirurgenteam durchsprechen möchte, bevor er mich operiere. Da sinkt mein mittlerweile mühsam erkämpfter Mut wieder auf den Nullpunkt und Herr Hu. erzählt mir daraufhin, er sei schon fertig für die OP gewesen, hätte schon vor der Tür zum OP-Raum gestanden, mit LMA-Spritze etc., und sei wieder ins Zimmer zurückgefahren worden. Weil man zu diesem Zeitpunkt statt seiner irrtümlich einen Mann gleichen Namens operierte, der eigentlich noch auf der Warteliste stand. Solche Vorgänge werden aber ansonsten nie publik, denn mit *peinlich* ist solch ein Vorgang gar nicht zu beschreiben.

Wir drei, Herr. Pr. (Exilkroate), Herr Hu. (Wieslocher) und meine Wenigkeit, unterhalten uns auch über die allgemeinen Zustände im Hause und halten sie alle drei eigentlich für nicht tragbar. Mit sanitären Einrichtungen diesen Standards ließe sich heute z. B. schwerlich eine Wohnung vermieten.

Um 08.40 Uhr gibt es Frühstück: 2 Scheiben gekochter Schinken, 20 Gr. Butter, 2 Brötchen, Honig, Marmelade und eine Tasse Kaffee. Um 10.50 Uhr rufe ich Gerd an, muss aber gleich wieder auflegen, weil der Doktor hereinkommt, um bei mir Blutdruck zu messen (120/70/64, Temperatur 35.9), und mit Herrn Pr. ein Gespräch wegen dessen OP am nächsten Tag führt. Das teilweise Mitgehörte lässt mich überhaupt nicht kalt – weil ich mir vorstelle, was mit mir noch so alles passiert. Um 11.20 Uhr ruft Ilse an – wir unterhalten uns und sie spricht mir Mut zu.

12.20 Uhr, Mittagessen ist angesagt: gefüllte Hähnchenbrust, Soße, Knöpflesalat, Schokopudding und ein Apfel. Danach lege ich mich aufs Bett und schlafe ein, bis mich meine Frau weckt. Sie hat meine Tochter und meinen Schwiegersohn und unsere Enkel mitgebracht, und wir gehen – ich wieder mit Rollständer für die Infusionsflaschen – in den Vorraum, unterhalten uns bei Kaffee und Coca Cola, bis sie gegen 18.00 Uhr wieder aufbrechen und das eine sehr emotionale Verabschiedung für mich mit sich bringt.

Habe noch keine Benachrichtigung erhalten, ob und wie das nun morgen mit der OP weitergeht, bekomme aber um 18.15 Uhr Kopfhaube, Flügelhemd und Netzhose gebracht, sodass ich davon ausgehe, dass ich morgen früh doch operiert werde.

18.25 Uhr, das Nachtessen wird gebracht: 4 Scheiben Herzwurst (wie aufmunternd), 1 Streichkäse, 5 Cocktailtomaten, 1 Magerjoghurt. Ich kann aber vor lauter Aufregung nicht einmal die Hälfte essen und es gehen mir schon den ganzen Nachmittag Bilder durch den Kopf, die mich zu einem Gedicht inspirieren – das ich dann auch aufschreibe. Lasse mir eine Schlaftablette bringen und schlafe dann gegen 22.00 Uhr ein.

MONTAG, 26.08.2013

Ich habe einigermaßen geschlafen, werde aber gegen 02.30 Uhr geweckt, weil die Nachtschwestern bei Herrn Hu. einen Blasenkatheter legen. Schlafe wieder ein und werde um 05.30 von Herrn Pr. geweckt, der sich Flügelhemd und Netzhose wegen seiner bevorstehenden OP anzieht. Draußen auf dem Gang ist es wieder einmal ziemlich laut und Herr Pr. wird um 07.05 Uhr zur OP aus dem Zimmer gefahren. Mittlerweile ist es 08.00 Uhr und bei mir wird Blutdruck gemessen (120/60/64), Temperatur (36.0), und ich wiege heute 85,9 kg. Nun sitze ich da und harre dessen, was da heute noch kommen mag. Um 11.00 Uhr kommt das Frühstück und um 11.20 Uhr Frau Dr. Wa. Sie nimmt mir Blut ab und informiert mich, dass heute ein Notfall dazwischengekommen sei und ich morgen früh als Erster operiert werde. Ich rufe zuhause an und informiere meine Frau über den neuen Stand der Dinge und esse schön brav, eigentlich bin ich ja noch vom Frühstück satt, meine Mittagessensportion auf. Warte dann auf meine Frau und meinen Sohn, die gegen 14.30 Uhr kommen, und wir sitzen im Besucherraum, als Herr Prof. Dr. S. kommt, sich vorstellt und uns mitteilt, dass er mich morgen früh persönlich operiere. Die Ruhe und Gelassenheit, die er ausstrahlt, gibt mir ein enormes Vertrauen und nimmt mir auch einen Teil meiner Angst. Um 16.10 Uhr verabschieden sich die beiden wieder, sie wollen noch einkaufen gehen. Wir verabschieden uns sehr herzlich voneinander und ich gehe zurück in mein Zimmer.

Nach dem Nachtessen kriege ich Besuch von der Mitarbeiterin Frau F., die die Reha-Maßnahmen nach der Operation koordiniert, und ich sage ihr, sie möge mit der Station 16.3 im Mannheimer Klinikum Kontakt aufnehmen, damit ich nach der OP wieder nach Mannheim zurückverlegt werden kann. Ich nehme etwas später dann meine Schlaftablette (Beruhigungstablette?), die mir der Krankenpfleger J. bereitgelegt hat, denke: LMAA, ihr Sorgen, und fühle das erste Mal keine Angst, nur ein Kribbeln – so wie vor acht Jahren vor meinem Fallschirmsprung. Ich überdenke noch mal mein Gedicht und schlafe irgendwann ein.

DIENSTAG, 27.08.2013

Ich wache gegen 05.30 Uhr auf und habe trotz der Schlaftablette schlecht geschlafen. Ich liege eine Zeitlang wach und in meinem Kopf ist alles wie leer. Gegen 06.15 Uhr nehme ich die LMA-Tablette, ziehe die Netzhose und das Flügelhemd an, setze die Haube auf, lege mich wieder ins Bett und warte mit Herzklopfen bis zum Hals, dass man mich endlich abholt. Um 07.00 Uhr ist es dann so weit – ich werde von 2 Schwestern aus dem Zimmer geholt und in den Vorraum des OP-Saales gefahren. Der Anästhesist unterhält sich noch kurz mit mir, erklärt mir beruhigend das eine und andere, spritzt derweil irgendetwas in die bereits liegende Kanüle und dann bin ich kurz darauf weg –

schnell wie ein Fingerschnipsen – und kann mich danach an nichts mehr erinnern.

Nach einer 6-stündigen OP werde ich dann (den Worten meiner Frau zufolge) in die Intensivstation geschoben, kriege aber von allem nichts mit. Diesen 27.08.2013 hat mir irgendwer ab ca. 07.15 Uhr wohl aus meinem Erinnerungsvermögen gestrichen.

MITTWOCH, 28.08.2013

Liege heute, noch halb im Narkosezustand, auf der Wachstation und bin, wie mir meine Frau später erzählt, fast nicht und wenn, nur ganz kurz, ansprechbar.

Zwischendurch sehe ich einmal meine Frau, meinen Sohn, meine Tochter wie durch eine dicke weiße Nebelwand, alle stehen um das Bett herum und alles hört sich dumpf an. Ich schlafe wieder ein – wache kurz auf, als ich fühle, dass meine Frau meine rechte Hand nimmt –, und als ich sie wie aus weiter Ferne sagen höre: Es ist vorbei und alles gut gegangen, fühle ich mich wie von einer übermäßigen Last befreit und fange an zu weinen. Still, emotionslos und ohne Tränen, so ganz für mich alleine. Aber reden, reden kann und will ich nicht. Ich dusele wieder ein – wache auf und müsste dringendst auf die Toilette. Meine Tochter merkt, was mit mir los ist, und meint, ich solle es ruhig laufen lassen, und ich murmele: Ich pisse doch nicht ins Bett. Sie erklärt mir, dass ich mich nicht so anstellen solle, den ich hätte schließlich einen Blasenkatheter liegen. Das funktioniert aber nicht – vom Kopf her, der will das einfach nicht registrieren und nicht zulassen, dass ich ins Bett pinkle.

Mein Blutdruck steigt auf einmal sichtbar am Gerät und eine Schwester wird alarmiert, die überprüft den Katheter – alles ist O. K. Dann geht es auf einmal doch, wie von alleine, und ich fühle mich gleich viel wohler, wenn man so früh nach einer solchen Tortur überhaupt von irgendwelchen Gefühlen sprechen kann. Was ich machen würde wenn ich mal 88 Jahre alt sei, bettlägerig und von ihr gepflegt würde, ob ich mich dann auch so stur und starrköpfig anstellen würde? Ich murmle, wie man mir später erzählt: Nein, dann scheiße ich ganz einfach ins Bett.

Ich schlafe wieder ein und bemerke nicht, dass alle nach einer gewissen Zeit gehen, da eine Unterhaltung von meiner Seite aus nicht geführt werden kann und, wie mir meine Frau später sagt, auch merklich nicht gewünscht ist. Den Rest des Tages verschlafe ich mehr oder weniger, kriege aber abends, von der Narkose noch immer benommen, mit, dass ein Krankenpfleger mit Namen Jörg den Nachtdienst übernimmt, und schlafe irgendwann ein.

Donnerstag, 29.08.2013

Habe trotz eines gewissen Lärmpegels auf dem Gang zwischendurch fest geschlafen, aber Bullshit geträumt. Mein linker Arm war von oben bis unten tätowiert, schwarz und rot wie bei einem Maori-Krieger. Ein Arzt, als Clown verkleidet, ist an mein Bett gekommen, hat mich lange untersucht und den tätowierten Arm begutachtet. Er hat die Apparatur neu eingestellt, nach den Mitpatienten im Zimmer gesehen und ist dann wortlos aus dem Zimmer gegangen. Ich bin aufgewacht, sehr früh, denn Jörg, der Nachtdienstler, ist noch da. Ich frage ihn, wer der Doktor war, der heute Nacht als Clown verkleidet bei mir am Bett gestanden hat. Er schaut mich an sagt: Außer mir war da niemand heute Nacht, und erklärt mir die Auswirkungen einer Langzeitnarkose und der anschließenden Medikationen auf die Psyche und das Unterbewusstsein, das nach seinen Erfahrungen bei jedem Patienten anders, nicht selten auch extrem sei und mehrere Nächte dauern könne.

Dann kommt die Ablösung, Schwester An. – kurze Lagebesprechung bei der Übergabe des Nachtprotokolls, Geräteapparatur gecheckt und mich noch einmal einschlafen lassen.

Den ganzen Tag meine ich, ich würde mich im Nebel bewegen. Liege im Bett und habe zu nichts Lust – möchte mich auch nicht mit meiner Frau oder Tochter, die mich heute Morgen besuchen, unterhalten. Die bemerken das auch und gehen wieder nach Hause. Nach Essen ist mir auch nicht zumute – dann kommt mich gegen Abend noch mein Sohn besuchen und auch wir reden wenig miteinander, aber das geht, wie schon bemerkt, von mir aus. Irgendwann verabschiedet er sich und ich lasse mir später am Abend eine Schlaftablette geben, werde von der Nachtschwester noch mal darauf hingewiesen, gefälligst nur, wie die nächsten 6 Wochen, auf dem Rücken zu schlafen, weil eine Seitenlage den Brustkorb, der ja durchgesägt und dann wieder mitfixiert wurde, verschieben würde und das Komplikationen hervorrufen könnte. Mit Gedanken, die ich gar nicht alle zuordnen kann, schlafe ich dann irgendwann ein.

FREITAG, 30.08.2013

Trotz Schlaftablette habe ich schlecht geschlafen. Schlangen und Drachen haben mich verfolgt und ich bin ihnen nur entkommen, weil ich vor ihnen weggelaufen, von einer Klippe gesprungen und dann geflogen bin wie ein Vogel, zwei lange Runden über dem Meer, und gerade als ich wieder landen wollte, bin ich aufgewacht. Vor dem Frühstück werde ich von Schwester Ina angewiesen, die Arme über der Brust zu kreuzen, auf die Seite rollen, und ruck, zuck hat sie mich, mit allen Schläuchen, die an und aus mir raushängen und die ich jetzt erst so richtig registriere, an der Bettkante aufgesetzt – schmerzlos und schneller, als man ein Playmobilmännchen aufstellen könnte. Dann kommt die Schwesternschülerin (die mit dem Kopftuch), wäscht mich, rasiert mich, bringt mir meine Zahnprothesen und sofort fühle ich mich bedeutend besser.

Der Wachraum heißt nicht Wachraum, weil man da wach herumliegt, sondern weil man da überwacht wird. Ein 4-Bett-Zimmer, jedes Bett durch einen Vorhang abgeschottet, sodass visuell eine gewisse Intimsphäre gewährleistet ist – aber nur visuell, akustisch ist dagegen jedes Wort zu verstehen, das hinter dem Vorhang zwischen Patient und Personal oder Ärzten oder untereinander gewechselt wird. Und wenn die Überwachungsgeräte anfangen zu klingeln – und die klingeln oder piepsen, wenn irgendeine Infusion leer ist oder Sonstiges angezeigt wird –, dann könnte man glauben, man sei in Las Vegas in einem Spielkasino.

Mittags besuchen mich meine Frau und meine Tochter; wir unterhalten uns angeregt und ich sage ihnen, ich hätte demnächst gerne ein Oberfeldeis.

Alle Enkel schlafen heute Nacht bei der Oma Jula, damit sie nicht so alleine ist, sagt sie mir, und ich merke ihr an, dass sie sich darauf auch freut. Gut gelaunt bin auch ich heute – und sie verabschieden sich, mit einem guten Gefühl, glaube ich, gegen 16.30 Uhr. Nach dem Nachtessen bitte ich Schwester U. um eine Schlaftablette, die sie mir aber verweigert, weil ich letzte Nacht nach Einnahme einer Schlaftablette versucht hätte, aufzustehen und durch das Zimmer zu geistern, eine Schlaftablette also bei mir das Gegenteil und gewisse negative Reaktionen auslösen könnte. Irgendwann schlafe ich dann doch – auch ohne Schlaftablette – ein.

SAMSTAG, 31.08.2013

Ich habe nicht gut geschlafen, draußen auf dem Gang ist immer Action und Radau – zwar nicht ständig, aber die ganze Nacht durch.

06.15 Uhr, und die Schwester Aufstehhilfe steht schon wieder parat. Blutdruck und Temperatur werden gemessen, sie wiegt und wäscht mich – das Bett wird gemacht, dann heißt es wieder auf der Bettkante sitzend frühstücken.

Frau Dr. Wa. kommt herein und sagt mir, dass ich eventuell bald auf die Normalstation verlegt werden könnte, und der Tag plätschert so dahin bis nach dem Mittagessen, das mittlerweile etwas besser geworden ist, meine Frau, mein Sohn und mein Schwager mich besuchen kommen und mir ein großes Oberfeldeis mitbringen. Das zu schlutzern ist für mich geradezu ein Halleluja und entschädigt für einiges. Ich fühle mich etwas besser heute und wir unterhalten uns rege. Es ist anscheinend alles O. K. Meine Frau sagt, sie könne heute Abend ruhigen Gewissens zu Claudias Geburtstagsfeier gehen.

Sie verabschieden sich gegen 17.00 Uhr und der Rest des Tages verläuft wie alle anderen davor.

Nachtessen gegen 17.45 Uhr – noch etwas Smalltalk mit dem einen oder anderen Zimmergenossen versuchen, Tabletten einnehmen, leere Infusionsflasche tauschen und dann wieder schlafen.

Same procedure than yesterday – nur heute kommt Schwester U. um 07.00 Uhr Blutdruck (125/80/58) und Temperatur (36.9) messen und setzt mich auf die Bettkante. Eine andere, etwas pummelige Schwesternschülerin kommt und hilft mir, mich auf die Stuhlwaage zu setzen, wiegt mich – 93,8 kg. Das Bett wird gemacht und ich nehme mein Frühstück ein. Dann wieder in die Rückenlage, bis im Zimmer eine gewisse Unruhe zu verspüren ist, weil die Schwestern bemerken, dass mit dem Patienten, der in der Ecke links hinten liegt, etwas nicht stimmt. Gleich, nur Sekunden darauf, gegen 09.00 Uhr, erscheinen dann auch Dr. A., Dr. Fe. und Prof. Dr. S. und kümmern sich hinter den vorgezogenen Vorhängen um den Patienten La. Es ist da schon einiges los – wie man vernimmt, aber nicht sieht.

Nach dem Mittagessen besuchen mich meine Frau. mein Sohn und meine Schwiegertocher, leider ohne meine Enkelin, die, da ich noch auf der Wachstation liege, nicht mitkommen durfte. Dafür entschädigen sie mich aber mit einer großen Portion Eis von meiner Lieblings-Eisdiele Oberfeld. Wir führen eine lebhafte Unterhaltung und sie verabschieden sich, da sie morgen früh wieder zurück in die USA fliegen, versprechen aber, an Weihnachten wieder da zu sein. Nun ja, irgendwo muss man seine Brötchen ja verdienen. Es ist ein herzlicher, aber auch ein sehr emotionaler Abschied. Danach verläuft der Rest des Tages, nachdem Schwester In. vermerkt hat, dass bei mir fast keine Ausscheidungen zu vermelden sind, eigentlich ziemlich banal. Schlafen – Nachtessen – Tabletten einnehmen – schlafen. Wie an jedem Tag Infusionsflaschen wechseln, manchmal auch mal mitten in der Nacht Apparatur überprüfen etc. Eine gewisse Konversation mit den

Mitpatienten im Zimmer will, aus welchen Gründen auch immer, eigentlich nicht groß aufkommen, weder tagsüber noch am Abend. Als dann Krankenpfleger J. seinen Dienst antritt und mit Schwester In. den Krankenrapport durchspricht, ist es auch schon wieder Zeit zum Schlafen und gegen 23.15 Uhr fallen mir dann auch die Augen zu.

Montag, 02.09.2013

Ich habe nicht sehr gut und auch nicht sehr lange geschlafen. Um 04.20 Uhr kommt auf einmal Frau Dr. Wa. ins Zimmer, ein Ultraschallmessgerät im Schlepptau, und führt 35 Minuten lang eine Ultraschalluntersuchung bei mir durch. Auf meine Frage antwortet sie, das sei notwendig, weil ich seit der OP verhältnismäßig wenig Ausscheidung hätte, packt kurz darauf wieder alles zusammen und ist gleich darauf aus dem Zimmer verschwunden. An ein Einschlafen ist jetzt nicht mehr zu denken und ich liege wach, bis Schwester U. den Krankenpfleger J. vom Dienst ablöst und mit ihm die Vorkommnisse, von denen es keine erwähnenswerten gab, der letzten Nacht durchspricht.

Dann wieder Routine: Blutdruck- und Temperaturmessen, Wiegen, Gewehr bei Fuß stehen und warten, bis das Bett gemacht ist – frühstücken und wieder ab in die Rückenlage, bis Prof. Dr. S. bei mir aufkreuzt, um mir mitzuteilen, die Ultraschalluntersuchung heute Morgen hätte ergeben, dass sich noch etwa 8 Liter Wasser in Herzbeutel und Lunge angesammelt hätten und diese Flüssigkeit so schnell wie möglich aus dem Körper ausgeschieden werden müsse. Er werde veranlassen, dass man mit allen medikamentösen Mitteln versucht, die Ausscheidungen zu erhöhen und vor allen Dingen zu beschleunigen. Sollte dies jedoch nicht in absehbarer Zeit gelingen, wäre der Weisheit letzter Schluss ein weiterer operativer Eingriff, um andere Drainageschläuche zu platzieren. Da rutscht mir aber mein frisch operiertes Herz gewaltig in die Hose, ich bin total verstört und diese Nachricht ist mir so auf den Magen geschlagen, dass ich heute Morgen keinen Bissen hinunterbringe. Der Rest des Morgens plätschert so dahin zum Mittagessen, das, zwar aber mit Abstrichen, mittlerweile doch genießbar ist.

Meine Frau und mein Schwager besuchen mich am Nachmittag und sie schaut recht zuversichtlich drein und sagt, so langsam würde es doch alles gut. Ich lasse sie in dem Glauben und verrate ihr nicht, was mir eventuell in kurzer Zeit noch bevorstehen könnte. Wir drei unterhalten uns angeregt und sie sagt mir, dass sie morgen nicht käme, weil sie ja die Kuchen für ihren Geburtstag backen möchte, und übermorgen auch nicht, denn da sei ja ihre Geburtstagsfeier und für einen Besuch bliebe da einfach keine Zeit. Ich verstehe das schon, aber es schlägt mir doch aufs Gemüt, dass ich nicht dabei sein und mitfeiern kann. Aber das Leben hat die Würfel fallen lassen und anders entschieden. Eigentlich muss ich froh sein, dass ich ihren Geburtstag überhaupt noch erleben darf, die Sache hätte auch ganz anders ausgehen können – in vielerlei Hinsicht.

Gegen 17.30 Uhr lassen sie mich wieder alleine. Dann Nachtessen, Infusionen Heparin anhängen bzw. tauschen, leer gegen voll, Tabletten wegen der Ausscheidungen einnehmen, Cordarex, um den Herzrhythmus im Zaum zu halten, Kalium etc. Irgendwann – ich weiß nicht mehr, wann genau – bin ich eingeschlafen.

Ich habe unruhig geschlafen diese Nacht, auch nichts geträumt, und fühle mich, nachdem die übliche allmorgendliche Prozedur über mich ergangen ist und ich heute das erste Mal die Sauerstoffmaske für 10 Minuten aufgehabt habe, überhaupt nicht gut. Vielleicht ist es, weil ich weiß, dass meine Frau heute nicht kommt und ich morgen nicht ihren Geburtstag mit ihr feiern kann. Nach dem Wiegen und nach dem Frühstück bitte ich die Schwesternschülerin um den Toilettenstuhl und es kostet mich schon ein gehöriges Maß an Überwindung, mich trotz Sichtschutz durch die Vorhänge auf den Stuhl zu setzen. Aber da gibt es keine Alternative; was sein muss, muss sein. Die neuen Medikamente zeigen schon ihre Wirkung und ich habe seit fünf Tagen nach der OP endlich das erste Mal auch Stuhlgang, und der, so drückt sich der Krankenpfleger aus, der den Toilettenstuhl wieder hinausschiebt, würde eigentlich für die gesamte Zimmerbelegschaft reichen. Etwas später am Vormittag nach der Visite erfahre ich, dass ich bald auf die Normalstation verlegt werden kann, und rufe zuhause an, unterhalte mich mit meiner Frau und ich glaube, sie hört heraus, dass ich nicht gut drauf bin, denn entgegen ihrer gestrigen Ankündigung, heute nicht zu kommen, steht sie mit meinem Freund Klaus, der sie gefahren hat, kurz vor 14.00 Uhr auf einmal doch im Zimmer …

Wir unterhalten uns und sie besteht darauf, mit Frau Dr. Wa. zu reden, was sie dann auch tut. Sie sagt, sie habe mit ihr über alles geredet und es wäre, bis auf die Ausscheidungen, alles im Lot. Ich wünsche ihr für ihren morgigen Tag eine schöne Zeit und sichtlich erleichtert verabschieden sich die beiden gegen 16.00 Uhr. Etwas später besuchen mich noch, was mich sehr freut, auch noch mein

Schulkamerad Heinz und seine Frau, die sich dann aber kurz vor dem Nachtessen auch wieder verabschieden. Zu meinem Erstaunen werde ich nach dem Nachtessen auf die Normalstation verlegt und das geht ratzfatz, denn ein Bett in der Wachstation wird gebraucht. Normalstation – mit 3 Betten in ca. 16 qm Zimmer ist man doch eingeschränkt in Bezug auf seinen Besuch. Aber gut, das muss ich in Kauf nehmen, schließlich bin ich kein Privatpatient und heilfroh, endlich der Folterkammer Wachstation (was die Akustik angeht) entgangen zu sein. Außerdem wechseln auf der Wachstation mindestens alle zwei Tage die Patienten, es ist ein einziges Kommen und Gehen in dem Zimmer – nur mich, mich hat man immer hier in auf Wachstation behalten. Nun stelle ich mich meinen beiden Mitpatienten vor, wir unterhalten uns noch ein wenig – dann schlafe ich, geschafft, aber etwas hoffnungsvoller, ein.

MITTWOCH, 04.09.2013

Die erste Nacht auf der Normalstation ist eigentlich ziemlich ruhig verlaufen – kein Lärm auf dem Gang, der alte Herr, der links neben mir das Bett hütet, hat zwar den ganzen nördlichen Schwarzwald abgesägt, aber ich habe doch einigermaßen fest schlafen können. Es folgt der Ablauf, wie die ganzen Tage vorher – d. h. Blutabnehmen, Wiegen, Waschen, Frühstücken, Infusionen, soweit erforderlich, austauschen, Visite abwarten – dann rufe ich das Geburtstagskind an und wünsche ihm, mit einem dicken Kloß im Hals, alles Liebe, Gute und für den Abend eine wunderschöne Geburtstagsfeier, die sie einmal auf andere Gedanken bringen möge, denn auch sie hat ein schweres Päckchen zu tragen, und wahrscheinlich trägt sie an ihrem schwerer als ich an dem meinen – aber gerade weil sie mental so unheimlich stark ist, lässt sie sich ums Verrecken nichts anmerken, nur um mir Kraft zu geben und Mut zu machen.

Die Ausscheidungen seien, wie mir der diensthabende Arzt während der Visite erklärt, bei Weitem nicht zufriedenstellend und das müsse man unbedingt und vor allen Dingen schnellstens in den Griff bekommen. Ich selbst merke auch, dass ich schwerer atme und das Gefühl habe, als ob ich, wenn ich etwas tiefer schnaufe, in eine bereits voll aufgeblasene Tüte inhaliere – weiß aber nicht, ob und in welchem Zusammenhang das mit den Ausscheidungen steht.

Der Tag vergeht heute ohne erwähnenswerte Vorkommnisse, sieht man von den routinemäßigen Behandlungen und dem Kurzbesuch von Gerd, einem sehr guten und geschätzten Bekannten, der mir Käsekuchen von meiner Frau mitbringt, einmal ab. Eine Unterhaltung will in diesem Zimmer einfach nicht zustande kommen. Ich denke heute oft an meine Frau und dass ich nicht bei ihr sein kann, um ihren Geburtstag mitzufeiern. Aber das ist nun einmal nicht zu ändern, und *shit happens*, das haben mich die Ereignisse seit dem 28. 7. mittlerweile nachhaltig begreifen lassen. Nachtessen, Tabletten einnehmen, Infusion anhängen; und nachdem die Nachtschwester noch einmal Patienten und Geräte gecheckt hat, auf einmal helle Aufregung, denn meine Herzrhythmuskurve ist rapide auf 135 angestiegen und Prof. Dr. Sza. und Dr. Ho. sind kurz darauf mitsamt dem Ultraschallgerät im Zimmer, schließen mich an das Gerät und veranlassen, angeblich eine reine Vorsichtsmaßnahme, daraufhin unverzüglich meine sofortige Rückverlegung in die Wachstation. Dann ist es auch sofort wieder da, dieses Gefühl der Angst, von dem ich glaubte, nun, nachdem alles überstanden zu sein schien, meilenweit entfernt zu sein. Man bringt mich wieder auf die Wachstation und nachdem das Bett, Infusionsständer und alles Sonstige wieder gerichtet sind, versuche ich zu schlafen – was in diesem Zimmer aber, aus Gründen, die noch erläutert werden, nicht so schnell gelingt, und ich glaube, es ist schon sehr spät – oder früh, je nachdem, wie man es interpretieren will –, bis ich endlich doch einschlafe.

Donnerstag, 05.09.2013

Die letzte Nacht habe ich nicht gut und vor allem sehr wenig geschlafen, denn normal oder auch einmal tief durchzuschnaufen fällt mir schwer und ich fühle mich ganz und gar nicht wohl. Zumal noch sehr spät am Abend eine Frau Ti., ein optischer Marianne-Sägebrecht-Verschnitt, ins Zimmer geschoben wird, die ohne jedwede Rücksicht auf Mitpatienten ihr Schandmaul nicht halten kann. Ununterbrochen fragt sie, auf welcher Station sie ist, verbietet den Nachtschwestern lauthals den Mund, kompromittiert den hinzugerufenen Arzt, stellt ihn schimpfend in den Senkel, erklärt ihm, welche Medikation sie einnimmt und welche sie von ihm erwartet, und der arme Teufel kann sich gegen diesen Redeschwall einfach nicht zur Wehr setzen. Ich wünsche mir, so für mich: Haue ihr doch eine aufs Maul, dann gibt sie endlich Ruhe. Der Arzt instruiert die Nachtschwestern und geht wieder. Nachdem die Nachtschwestern noch mal nachdrücklich ermahnende Worte an Frau Ti. gerichtet haben, gehen auch sie aus dem Zimmer. Kurze Zeit später ist endlich Ruhe eingekehrt, wahrscheinlich haben sie der kleinen Tonne mit einer Spritze den Mund gestopft, und ich schlafe doch ein.

Der Morgen heute verläuft wieder normal wie die ganze Zeit. Schwester I. kommt um 06.50 Blutdruck messen, Blut abnehmen, mich aufsetzen, wiegen (91,0 kg), mich waschen – heute kriege ich sogar, was sehr angenehm ist, den Rücken eingerieben, weil der vom Liegen und Schwitzen – es ist ja für den September noch sehr warm – voller Hitzepickel ist, die unheimlich jucken. Danach frühstücken und die Nörgeleien von Frau Ti. anhören. Dann, gegen 10.00 Uhr, kommt der Physiotherapeut Ru., unterhält sich mit mir, setzt mir eine Sauerstoffmaske auf und lässt mich, soweit mir das möglich ist, inhalieren. Außerdem lässt er mir ein Tri-Flex da, ein handliches Gerät, mit dem man durch tiefes Einatmen das Lungenvolumen trainieren soll. Morgen will er mit mir versuchen, das erste Mal einige Schritte zu laufen. Dann heißt es die Visite abwarten, und der Arzt sagt mir, dass man mit meinem momentanen Zustand noch immer nicht zufrieden sei, da die Wasseransammlungen in Herz und Lunge noch zu viel seien. Man würde deswegen die Dosis der Entwässerungsmedikation erhöhen, um das schneller in den Griff zu bekommen und eine weitere Operation zu vermeiden.

Nach dem Mittagessen – Nudeln, Soße und eine Scheibe Fleischkäse – besuchen mich heute meine Frau und mein Schwager und lassen sich von der Stationsschwester über den Stand der Dinge informieren. Warum und wieso ich wieder auf der Wachstation liegen würde.

Scheinbar beruhigt erzählen sie mir etwas später freudig unter anderem auch den Ablauf der gestrigen Geburtstagsfeier. Meine Frau bringt mir einen kleinen tragbaren Flachbildschirm-Fernseher – allerdings ohne Headset – mit, und während mein Schwager in den Ort geht, um mir ein Headset zu besorgen, stellt meine Frau den Fernseher ein, ist mit dem Ergebnis aber nicht zufrieden und ich sage ihr, ich würde es später weiter probieren. Um 16.40

Uhr ist auch mein Schwager mit einem passenden Headset wieder da, und gegen 17.15 Uhr gehen sie wieder. Kurze Zeit später wird unser Zimmer wieder ein Bett voller. Man schiebt einen älteren Herrn, dem man kurz zuvor einen Herzkatheter gesetzt hat, ins Zimmer, und Herr La. (Italiener) wird seine Wehleidigkeit im Laufe des restlichen Tages bzw. der Nacht noch nachhaltig bemerkbar machen.

Noch vor dem Nachtessen werden frische Infusionen angehängt; Tabletten einnehmen, Radio hören, und irgendwann gegen 22.20 Uhr schlafe ich dann, obwohl der Ithaker die Schwestern auf Trab hält und anfängt lauthals zu lamentieren, doch ein. Ich werde gegen 23.50 Uhr aber schon wieder wach, weil die Infusionsflasche ausgetauscht wird. Anschließend liege ich lange wach und höre, bis ich dann doch wieder eingeschlafen bin, Herrn La. jammern und zwischendurch auch mal um Hilfe rufen.

FREITAG, 06.09.2013

Die Nacht verlief, nachdem die Infusion ausgetauscht war, einigermaßen ruhig. Von dem Sägebrecht-Verschnitt war nichts zu hören. Den hat man, behaupte ich ganz einfach einmal, ruhiggestellt. Nach der morgendlichen Prozedur – Blutdruck messen (123/75/94), Blut entnehmen, aufsetzen, waschen, wiegen (90,5 kg), frühstücken, Infusion tauschen – kommt dann um 10.00 Uhr Ru., der Physiotherapeut, und lässt mich, wie gestern versprochen, erst gestützt, dann alleine einige Schritte im Zimmer gehen. Das schlaucht mich mehr, als ich es jemals für möglich gehalten hätte, und bei jedem Aufstehen, speziell aber wieder beim Hinsetzen, schmerzt der Blasenkatheter höllisch und ich bete drei Vaterunser, dass dieser Unannehmlichkeit bald ein Ende bereitet werden kann. Auf meine Bitte hin, den

Katheter doch endlich zu entfernen, ist die Reaktion die, dass man den Katheter zieht und einen neuen legt, auf dass sich keine Viren breit machen. Kurze Zeit darauf liege ich wieder im Bett und das Gejammere und die Hilferufe von Herrn La. während der frühen Morgenstunden gehen auch heute weiter und wollen ums Verrecken nicht verstummen, obwohl sich die Schwestern, wie auch heute Nacht, vorbildlich und andauernd um ihn bemühen. Gott sei Dank wird der Sägebrecht-Verschnitt heute Morgen in ein anderes Zimmer verlegt, ein neuer Mitpatient, Herr Le., wird gleich darauf an die freie Stelle gestellt und für mich ist mittlerweile das 5. Mal nach der OP Röntgen angesagt.

Nach dem Mittagessen um 12.20 Uhr – die Tagessuppe ist die angelängte Soße von gestern, dazu gibt es Backfisch und Kartoffelsalat, gerade noch essbar für meinen Geschmack – schlafe ich dann ein, bis mich meine Frau und mein Schwager wecken. Wir unterhalten uns; auf die Frage, wann ich wieder auf die Normalstation verlegt werde, kann ich leider keine Antwort geben. Dann versuchen wir dem Lenco-TV einige Programmplätze einzugeben, bringen es aber nicht zustande. Gegen 16.40 Uhr verabschieden sich die beiden und ich warte aufs Nachtessen, nicht ohne mich davor und danach weiterhin zu bemühen, einige TV-Sender auf dem kleinen Gerät einzustellen – das gelingt mir aber auch diesmal nicht und ich werde doch ziemlich missmutig. Das bemerkt auch die eine Nachtschwester, die sich kurzerhand zu mir aufs Bett setzt, mir im Handumdrehen das Gerät einstellt, und ich empfange sage und schreibe 12 Sender mit dem kleinen Ding. Ich bedanke mich artig – bei einer so jungen und hübschen Krankenschwester wäre die Danksagung vor 40 Jahren wahrscheinlich etwas anders ausgefallen –, gucke bis 12.45 Uhr Sport und schlafe mit dem Gedanken ein, meinen Hintern endlich einmal ohne irgendwelche Schläuche oder andere Anhängsel auf eine Toilettenschüssel bugsieren zu können und eine Marke abzusetzen, dass in der Heidelberger Kläranlage das Rührwerk stehen bleibt.

SAMSTAG, 07.09.2013

Habe nicht sehr gut geschlafen, die Nacht war mitunter turbulent. Der Italiener hat uns die halbe Nacht wach gehalten, alle 4 bis 5 Minuten um Hilfe gerufen, ist aggressiv gegenüber den Nachtschwestern geworden, wollte dauernd aus dem Bett, sodass man ihn im Bett fixieren musste, um Schlimmeres zu verhüten.

Schwester Ver. weckt mich um 06.40 Uhr, wechselt den Verband an der Infusionskanüle, nimmt Blut ab, wäscht mich an den Stellen, an die ich selbst nicht oder nur bedingt hinkomme; die Schwesternschülerin setzt mich auf die Stuhlwaage, das Bett wird gemacht und anschließend ist Frühstück angesagt. Ich muss immer und immer wieder die Geduld, die Hilfsbereitschaft und vor allem die Freundlichkeit des Personals bewundern und möchte das ausdrücklich noch einmal herausstellen. Ich selbst tue mich mental schwer damit, dass ich innerhalb von 2 bis 3 Tagen immer der Einzige bin, der auf der Station 7 A bleibt, während die anderen nur kurz da sind und wieder auf Normalstation entlassen werden. Um 08.40 Uhr kommt das Frühstück und gleich darauf ist wieder Hektik am Bett von Herrn La. Den ganzen Morgen kümmert man sich intensiv um ihn, der scheint aber jedwede Einsichtigkeit zu verweigern und liegt völlig apathisch in seinem Bett. Während ich dasitze und schreibe schläft – außer den Schwestern – alles im Zimmer.

Nach dem Mittagessen, die Restnudeln von vorgestern

sind der Eintopf mit 1 Würstchen von heute, lese ich im Magazin *Landeslust* Rezepte, bis dann um 14.00 Uhr meine Frau doch erscheint, obwohl sie gestern kurz bemerkte, dass sie heute nicht kommen könne, und hat – LMAA! – meinen Bruder, der aus München angereist ist, im Schlepptau. Das haut mich aus den Socken und lässt mich schlucken, denn wir haben uns seit der Beerdigung unserer Mutter vor 9 Jahren nicht mehr gesehen. Dass er jetzt da ist und mich besucht, wühlt mich schon etwas auf. Wir unterhalten uns angeregt – er geht, um sich ein Mineralwasser zu holen, und da erfahre ich, dass er mit seiner Frau schon seit gestern da ist und meine Frau mir nur nichts verraten wollte.

Wir unterhalten uns noch über dieses und jenes, und gegen 17.30 Uhr gehen die beiden wieder, denn heute Abend wollen sie noch auf die Kerwe (Kirchweihfest) gehen.

18.40 Uhr, und das Nachtessen kommt: 4 Scheiben Schinken, 20 Gr. Butter, 2 Scheiben Käse, 4 Radieschen und Pfefferminztee. Dann auf einmal um 19.20 Uhr wieder helle Aufregung wegen Herrn La.

Ärzte und Schwestern verschwinden hinter den Vorhängen und aus der Unterhaltung hört man heraus, dass man wahrscheinlich Drainagen legen muss. Ich richte meinen neuen Fernseher ein bzw. aus, was eine gewisse Zeit in Anspruch nimmt, bin aber mit dem Ergebnis noch nicht ganz zufrieden. Dann, kurz vor 22.00 Uhr, wieder Aufruhr im Zimmer, und wieder geht es um Herrn La. Hinter den Vorhängen herrscht Tohuwabohu hoch 3. Zwei Ärzte zwei Krankenschwestern begeben sich inklusive Notfallequipment, das hereingefahren wird, hinter die Vorhänge. Es wird lauthals geredet und hantiert, bis die Ärzte wieder gehen und die Schwestern Herrn La. um 01.30 Uhr schließlich eiligst aus dem Zimmer fahren. Der frei gewordene Platz wird umgehend gereinigt und noch keine 10 Minuten später mit einer älteren Dame wieder belegt. Nachdem nun endlich Ruhe eingekehrt ist, schlafe ich gegen 02.20 Uhr endlich ein.

Sonntag, 08.09.2013

Das war eine kurze Nacht, denn ich bin um 06.45 Uhr schon wieder geweckt worden. Dann läuft alles etwas anders als den schon fast zur Gewohnheit gewordenen Gang. Heute ist Sonntag. Keine Blutentnahme, keine Physiotherapie, nur wiegen, waschen, Entwässerungstabletten einnehmen, frühstücken. Ich kann und darf heute das erste Mal alleine auf die Toilette, die sich im Gang befindet. Das ist aber doch eine zwar kleine, aber doch eine Tortur, denn den Infusionsständer muss ich ja mitschieben und ebenfalls in die nicht allzu breite Toilette bugsieren. Danach den Fernseher richtig einstellen und glotzen, bis das Mittagessen, Rinderbraten mit Salzkartoffeln und Schwarzwurzeln, serviert wird. Meine Frau und unsere Tochter kommen mich um 14.20 Uhr besuchen, sind verwundert, dass ich immer noch Wassertabletten schlucken muss, und ich sage ihnen, dass sich nicht sonderlich viel gebessert hat und Prof. Dr. Sza. eine erneute OP schon angedeutet hat, wenn sich die Wasseransammlung in Herz und Lunge nicht messbar und massiv verringern. Davor habe ich aber gehörig – nicht Angst, nein, da ist irgendein anderes ungutes Gefühl, das in mir aufkommt, wenn ich daran denke. Meine Frau und unsere Tochter gehen heute etwas früher, bei uns zuhause wird ja Kirchweih gefeiert und meine Frau will mit meinem Bruder und dessen Frau noch auf die Kirmes gehen. Sie sagt mir, dass sie morgen nicht komme, da sie beim Kerwekranz-Aufhängen dabei sein wolle – was ich, da ich den Kerwekranz selbst 20 Jahre lang aufgehängt und Sprüche dabei geklopft habe, verstehen kann, denn sie kriegt dann vielleicht auch einmal andere Gedanken in den Kopf. Sie verabschieden sich um 15.40 Uhr und ich widme mich wieder dem Fernsehen. Schlafen, fernsehen, schlafen, Nachtessen: 4 Scheiben Bierwurst, 20 Gr. Frischkäse, 1 Scheibe Gurke, 20 Gr. Butter, 2 Scheiben Brot, Pfefferminztee. Dann wieder Tabletten einnehmen, fernsehen, Sport gucken, und gegen 11.30 Uhr schlafe ich dann ein.

Montag, 09.09.2013

Schwester Ge. weckt uns, wechselt, bei wem es notwendig ist, den Verband. Frau Dr. Wa. kommt ebenfalls herein, nimmt Blut bei mir ab und eröffnet mir kurz und trocken, dass ich heute noch operiert werde, weil das Wasser, speziell im Herzbeutel, zu viel sei und unbedingt aus dem Körper müsse. Der Anästhesist käme etwas später und würde alles noch einmal mit mir durchsprechen. Der Appetit aufs Frühstück ist mir da gründlich vergangen und Mittag zu essen habe ich mir auch verweigert. Ich rufe meiner Frau kurz vor 12.00 Uhr an und teile ihr mit, dass ich heute doch noch einmal operiert werde. Eigentlich ein äußerst unpassender Zeitpunkt, denn sie steht inmitten der ganzen Kerwegesellschaft und lauscht den Sprüchen des Kerweborsch. Sie lässt aber Kerwe Kerwe sein, und kurze Zeit später kommt sie mit unserer Tochter, um sich noch einmal zu informieren. Sie bleiben nur kurz und ich verabschiede sie mit einem dicken Kloß im Hals, aber sie versprechen, heute nach der OP noch einmal zu kommen. Der Rest des Tages zieht sich wie Kaugummi und ich warte – im OP-

113

Outfit – vergeblich auf den Anästhesisten. Um 18.30 Uhr rufe ich meine Frau an und sage ihr, dass ich zwar schon seit Stunden vorbereitet bin, aber immer noch im Zimmer liege. Schwester Tat. checkt dann auf mein Drängen hin noch mal die Situation im OP-Saal und um genau 21.30 Uhr werde ich dann endlich hineingeschoben. Während man mich im Vorraum vom Bett auf den OP-Tisch hievt und anschnallt, erfahre ich, dass eine Narkose gar nicht vorgesehen ist und die OP stattdessen unter örtlicher Betäubung durchgeführt wird. Die ersten 4 Einstiche spüre ich noch, dann merke ich nur noch, dass an oder in meinem Bauch herumgefuhrwerkt wird, dabei unterhalte ich mich die nächsten 85 Minuten mit dem OP-Team (4 Männer und 1 Frau), die mir erklären, was gerade gemacht wird, und mich damit eigentlich in eine ganz entspannte Gemütslage versetzen und mir jegliche Angst nehmen. Um 22.35 Uhr sind die Drainagen gelegt, alles wieder zugenäht und ich werde wieder in mein Zimmer geschoben. Man verabreicht mir intravenös noch ein Schmerzmittel – ich telefoniere noch einmal mit meiner Tochter und schlafe so gegen 01.00 Uhr endlich ein.

Dienstag, 10.09.2013

Um 06.40 Uhr werde ich vom Krankenpfleger J. geweckt. Ich sage ihm, dass ich Schmerzen am Drainageausgang verspüre, und ich bekomme noch einmal ein Schmerzmittel über die Vene injiziert. Schwester Ge. kommt und nimmt Blut ab – ich bleibe heute Morgen liegen, kein Frühstück, kein Mittagessen, nur 2 Naturjoghurt und eine halbe Tasse Suppe und nur schlafen, schlafen. Mein Freund Klaus kommt um 14.30 Uhr und wir unterhalten uns über die Kerwe, seinen Sohn Timo und labern wie zwei Waschweiber; und als er um 15.45 Uhr wieder geht, lasse ich mir eine Tasse Kaffee bringen. Herr Trä. wird verlegt und eine Frau Ber. wird ins Zimmer geschoben – leer bleibt es hier drinnen nie! Nach dem Nachtessen – 3 Scheiben Brot, 20 Gr. Butter, 4 Scheiben Salami, Pfefferminztee – kommen um 18.50 Uhr meine Frau und unsere Tochter. Wir unterhalten uns, sie sagt mir, dass sie alle Tomaten aus dem Garten püriert und eingekocht habe, unsere Tochter fügt an, sie würde beim Nachbarn die Zwetschgen abernten und einfrieren, damit ich, wenn ich wieder fit sei, Latwerge einkochen könne. Als Dr. Z. mit Schwester Ta. und Ultraschallgerät im Zimmer auftaucht, verabschieden sie sich und Dr. Z. führt die Ultraschalluntersuchung durch – erklärt mir dann, dass der Herzbeutel so gut wie frei sei, kein Wasser mehr staue und dass das Team während der OP ca. 500 ml Wasser aus dem Herzbeutel entfernt habe. Sichtlich zufrieden geht er wieder und Schwester Ta. meint, rasiert würde ich doch bestimmt besser aussehen. Ich nehme meine Tabletten; auf meine Frage, ob ich man nicht den Blasenkatheter, der noch immer bei jeder Bewegung stört und schmerzt, entfernen könnte, kriege ich zur Antwort, dass das nur der Arzt entscheiden könne. Anschließend schaue ich Fußball-Qualifikationsspiele, schalte dann das Gerät ab und schlafe, nachdem Krankenpfleger J. sein abendliches Infogespräch mit Schwester Ut. durchgegangen ist, irgendwann zwischen 23.00 und 24.00 Uhr ein.

MITTWOCH, 11.09.2013

06.45 Uhr, Schwester Ge. weckt mich, versorgt mich medizinisch, Schwester Alex. wäscht mir anschließend Rücken und Beine und reibt mir den Rücken mit Bepanthol, einer Feuchtigkeit spendenden Milch, ein. Dann lasse ich mir warmes Wasser, einen Handspiegel und mein Rasierzeug bringen und stelle fest, dass es gar nicht so einfach ist, sich einäugig, dazu noch einen Handspiegel haltend, zu rasieren. Aber ich habe es, ohne mir das Gesicht zu verschamerieren, geschafft und lasse mir anschließend das Frühstück schmecken: 1 Brötchen, 20 Gr., Butter, Honig, Marmelade und 1 Birne.

Kaum ist alles abgeräumt, steht das Röntgenteam im Raum parat, um an Ort und Stelle die Lunge zu röntgen. Also werde ich aufgesetzt – Bleiabdeckung auf den Schniedelwutz und Platte hinter den Rücken – einmal lächeln, fertig. Frau Dr. H. kommt hinzu, setzt sich zu mir aufs Bett, hält meine Hand und sagt: Wenn Ihr Herz nicht andauernd »scip the beat« (also unregelmäßige Sprünge beim Herzrhythmus) machen würde, hätte ich Sie ja schon verlegt – aber das müssen wir medikamentös erst in den Griff bekommen. Wir unterhalten uns noch ca. 10 Minuten angeregt übers Kochen und gleich darauf ist das ganze Team wieder aus dem Zimmer gegangen und ich schaue etwas Fernsehen und warte aufs Mittagessen. Während des Mittagessens – Wurstsalat mit Pariser Kartoffeln – ruft mein Sohn aus den USA an, lässt mich mit meiner Enkeltochter sprechen und mein ganzer Appetit ist auf einen Schlag dahin, weil mich das mental richtig überwältigt.

Die Schichtablösung kommt und Schwester Ant. scheint sich wirklich zu freuen, dass ich rasiert bin; vor 40 Jahren wäre ich da gockelstolz drauf gewesen. Meine Frau kommt mich gegen 14.30 Uhr besuchen, Christel – eine gute Bekannte – ist mit dabei, sie bringen Eis für mich und zwei Kartons Mohrenköpfe für die Station mit, bleiben etwa 1 Stunde, dann gehen sie wieder. Nach dem Nachtessen – 1 Stück(chen) Fleischwurst, 1 Gewürzgurke, 2 kleine Tomaten, 2 Scheiben Brot, Pfefferminztee – kriege ich meine Tabletten, werde medizinisch versorgt, Schwester Ant. bringt mir noch eine Flasche Mineralwasser und dann schlafe ich – heute ohne fernzusehen – gegen 23.20 Uhr ein.

DONNERSTAG, 12.09.2013

Wir werden von Schwester And. um 06.50 Uhr geweckt. Ich kriege immer noch nur knapp Luft, aber meinen Herzrhythmus scheinen sie in den Griff bekommen zu haben, denn der hat sich, wie die Messkurve anzeigt, in den letzten 48 Stunden auf eine Schlagzahl zwischen 65 und 73 eingependelt. Vor dem Frühstücken ist noch die Morgenhygiene angesagt – ich werde von der freundlichen Schwesternschülerin (die mit dem Kopftuch) gewaschen, auf die Stuhlwaage gesetzt und anschließend wieder ins Bett verfrachtet. Dann kommt Ru. und ich muss anschließend Atemübungen machen, erst mit dem Triflexgerät, dann mit dem Sauerstoffgerät, das fest an der Wand neben der Triflon-Aeropumpe installiert ist. Kurz vor 10.00 Uhr werde ich abgeholt und runtergefahren in die Röntgenabteilung. Dort wird einmal mehr die Lunge geröntgt. Wieder zurückgebracht auf Station VII werde ich dann nach der Morgenvisite – Blutdruck, Herzrhythmus und alle sonstigen relevanten Werte haben sich laut Aussagen von Dr. S. und Dr. H. so weit normalisiert – zu meiner Überraschung und Erleichterung umgehend wieder auf Station V (Normalstation) verlegt.

Dort teile ich das Zimmer mit einem Herrn B., der auf seine OP wartet, und einem Herrn Z., der seiner bevorstehenden Entlassung entgegenfiebert. Mein Mittagessen, Salzkartoffeln, Fisch und Salat, nehme ich schon auf Station V ein. Nach dem Mittagessen rufe ich meine Frau an und bitte sie, wenn sie mich heute besuchen kommt, mir dicke Wollsocken mitzubringen, da ich trotz des noch immer warmen Wetters ständig eiskalte Füße habe. Ich verrate ihr aber nicht, dass ich wieder auf Normalstation liege. Um 14.10 Uhr kommen dann auch meine Frau und unsere Tochter und bringen dem Babba Eis vom Oberfeld und zwei Stücke Zwetschgenkuchen, von unserer Tochter selbst gebacken, mit. Auch sie freuen sich, dass ich wieder auf Normalstation liegen kann, und nach angeregter Unterhaltung und zum ersten Mal einem Lachen meinerseits gehen sie um 16.25 Uhr, sichtlich wohler gelaunt als die letzten Tage, wieder nach Hause.

Wie ich dann etwas später feststelle, haben die hier in Heidelberg genauso einen chaotischen Blutpanscher wie die Uniklinik in Mannheim, denn der hat uns alle drei, die wir im Zimmer sind, mit seinen vergeblichen Versuchen, Blut zu entnehmen, auf die Palme gebracht. Dann werde ich gegen Abend noch vor dem Nachtessen so weit abgestöpselt, dass ich alleine und – lieber Gott, ich bin happy hoch drei – endlich, ohne einen Infusionsständer neben mir herzuschieben, auf die Toilette gehen kann. Dass ich den Beutel für den Blasenkatheter tragen muss, nehme ich wohl oder übel in Kauf, obwohl der Katheter bei jeder unvorsichtigen Bewegung noch immer schmerzt wie die Hölle. Wieder zurück im Zimmer werde ich wieder an die Messkabel angeschlossen und nach dem Nachtessen (spartanisch wie immer) nehme ich meine Tabletten ein, baue meinen Fernseher auf, schaue einen Krimi im ersten Programm und schlafe dabei ein, bis gegen 00.00 Uhr die Nachtschwester hereinschaut und die Geräte kontrolliert. Es scheint bei allen alles in Ordnung zu sein, ich schalte den Fernseher ab und schlafe gegen 00.40 Uhr wieder ein.

Freitag der 13. – ein ominöser Tag? Wir werden um 06.40 Uhr von Schwester Ja. geweckt und ich kriege von ihr meine Tabletten gebracht, die ich dann auch unverzüglich einnehme. Herr B. wird in der Zwischenzeit, nicht nur mental, auf seine OP vorbereitet und Herr Z. wartet schon seit gestern darauf, dass er abgeholt werden kann und nach Hause darf.

Gegen 10.00 Uhr kommt Schwester Jo. und zieht – ich kann es kaum glauben – endlich und endgültig den Blasenkatheter. Ein kurzer brennender Schmerz, aber anschließend eine befreiende Wohltat. Schwester Hei. stöpselt mich anschließend auch von allen Apparaturen und vom Infusionsständer ab und ich nutze die Freiheit unverzüglich und mache mich im Duschraum frisch. Wieder zurück im Zimmer wird alles wieder angeschlossen, ich inhaliere dann mit der Triflon-Aeropumpe, denn ich bekomme noch immer schlecht und wenig Luft. Dann ruft meine Frau an und teilt mir mit, was sie heute alles mitbringen will – ich muss das Telefonat aber abbrechen, weil man mich wieder einmal zum Lungeröntgen abholt. Danach setze ich mich erst auf die Bettkante, mache noch mal Atemübungen mit dem Triflex, lege ich mich anschließend ins Bett, dusele vor mich hin und lasse das Mittagessen – bis auf zwei Naturjoghurt – ausfallen. Herr Z. ist mittlerweile auf dem Nachhause-Weg und Herr B. auf dem Weg in den OP-Saal. Doch – Überraschung – sieben Minuten nachdem man ihn, komplett präpariert für die OP, aus dem Zimmer geschoben hat, ist er wieder da. Weil ein Notfall eingeliefert worden sei, wird seine OP (auf später – wann?) verschoben. Für Herrn Z. kommt ein Herr Bö. ins Zimmer und es wiederholt sich die Prozedur, wie bei jedem anderen Patienten vorher auch. Also die diversen Fragen, immer wieder auch sehr persönliche – dann die Aufklärung über mögliche Risiken und Folgen der OP etc. etc. werden zwischen Arzt und Patient lauthals und für alle anderen Patienten oder Personen, die sich gerade im Zimmer befinden, gut verständlich kommuniziert. Für mich ist das eine Vorgehensweise, die für den Patienten mitunter kompromittierend ist und sich, nach meiner Auffassung, mit den allgemeinen Datenschutz-Bestimmungen nicht vereinbaren lässt. Als der Arzt wieder geht, hat die Gesichtsfarbe von Herrn Bö. einen bedeutend fahleren Teint angenommen und er verhält sich auffällig ruhig. Herr B. bekommt irgendwann vor dem Mittagessen kurzerhand mitgeteilt, dass ein zweiter Notfall vorrangig sei und seine OP auf morgen früh verschoben werde. Seine Reaktion und Begeisterung sind daraufhin überwältigend euphorisch.

Mein Schwager und meine Frau kommen um 12.10 Uhr. Sie bringen Eis mit und meine Frau erzählt mir, dass sie heute einen anderen Weg ausprobiert hätten. Ich bin meinem Schwager sehr dankbar, dass er sich so intensiv um meine Frau kümmert. Wir unterhalten uns und um 14.40 Uhr fahren die beiden wieder nach Hause. Heute kommt gegen 15.00 Uhr nicht Ru., sondern eine Kollegin von ihm, die mit mir Atemübungen macht und mich den Gang hoch- und wieder zurücklaufen lässt. Danach bin ich, was ich Wochen vorher nie für möglich gehalten hätte, schlagskaputt und fühle mich wie gerädert. Zurück im Zimmer, ist der Rest Warten auf das Nachtessen – 3 Scheiben Brot, 20 Gr. Butter, 1 Scheibe Gurke, 2 Scheiben Käse und 1 kleiner Streichkäse sowie Pfefferminztee. Nach dem Nachtessen ist Krimitime angesagt und um 23.50 Uhr schlafe ich ein. Wache aber um 01.20 Uhr mit einem

solchen Hustenanfall wieder auf und ringe nach Luft, dass
Herr Bö. besorgt fragt, ob er der Nachtschwester läuten
solle – ich verneine und denke so bei mir: Wenn da nicht
bald eine Besserung eintritt, drehe ich noch durch. Irgendwann beruhigt sich das alles, ich schalte den Fernseher aus
und schlafe dann doch – ich weiß nicht, wann – ein.

Samstag, 14.09.2013

Habe nach dem Hustenanfall nicht gut geschlafen – aber
geschlafen. Um 07.25 Uhr Weckruf: Herr Bischof, ich will
Blut abnehmen. Danach lässt mich Schwester Ja. von den
Leinen (Anschlüssen). Ich setze mich auf die Stuhlwaage
– 88,00 kg –, gehe dann, mache Morgentoilette und werde, als ich wieder zurück im Zimmer bin, wieder an die
Messapparaturen angeschlossen. Nach dem Frühstück übe
ich erst mit dem Triflexgerät – die Physiotherapeutin lässt
mich dann ca. 5 Minuten in eine Blasenflasche (in eine
zu ¾ mit Wasser gefüllte Plastikflasche, Marke Eigenbau)
pusten. Eigentlich wollte ich noch mit der Triflon-Aeropumpe inhalieren, aber die Schwester weiß nicht, wie das
Gerät eingeschaltet wird, und ich lasse wohlweislich meine
Finger davon. Stattdessen setze ich mich auf die Bettkante
und schreibe weiter Tagebuch. Mittagessen lasse ich, bis
auf zwei Naturjoghurt, ausfallen und lege mich dann, bis
meine Frau und mein Schwager kommen, ins Bett. Wir
unterhalten uns und meine Frau erinnert mich daran, dass
sie morgen nicht kommen wird, da sie ja – das erste Mal
in ihrem Leben – mit Christel, unserer Bekannten, und
Susanne, einer ehemaligen Geschäftskollegin, Karten für
ein Bundesligaspiel in Hoffenheim hat und sich riesig auf
eine solche Erfahrung freut. Gegen 16.10 Uhr verlassen sie
mich wieder und nach dem Nachtessen um 18.30 Uhr – 2

Scheiben Brot, 4 Scheiben Bierschinken, 2 Scheiben Käse, 1 Gewürzgurke, Pfefferminztee – schalte ich den Fernseher wieder ein, zappe durch die Krimiprogramme und schlafe mühsam – die Nachtschwester lässt nach ihrem Kontroll- gang das Fenster offen – dann doch irgendwann ein.

SONNTAG, 15.09.2013

O6.45 Uhr, eine Schwester bringt meine Tabletten und nimmt Blut ab; die Schwesternschülerin kommt ebenfalls ins Zimmer, wäscht mich, setzt mich auf die Stuhlwaage – 87,5 kg –, anschließend ist Frühstück angesagt und danach schlafe ich noch einmal fest ein, bis ein Arzt kommt und mir mitteilt, dass morgen die Drainagen gezogen werden. Keine 10 Minuten später erscheint Schwester Ol. und be- reitet alles vor: Die Drainagen werden heute noch – und zwar gleich – gezogen, sagt sie mir. Der Appetit auf das Mittagessen ist mir in Sekunden-Bruchteilen vergangen, denn ich habe eine Mordsangst davor; und um genau 12.25 Uhr ist es dann auch so weit, die Oberschwester und Schwester Ol. ziehen die Drainagen. Eigentlich merke ich gar nicht so viel – ein kurzer stechender Schmerz und ein Brennen, dann ist schon alles vorbei und hat gerade einmal ein paar Minuten gedauert. Anschließend heißt es wieder, zum x-ten Mal, ab in die Pneumologie – Lunge röntgen –, und dann schlafe ich, bis mich meine Frau, mein Schwie- gersohn, unsere Tochter und die drei Enkel, die mir selbst gemalte Bilder mitbringen, gegen 14.45 Uhr wecken. Wir unterhalten uns über dies und jenes und nach 45 Minu- ten – mein Enkel Jo. wird unleidlich, weil langweilig, ist ja auch zu verstehen – fahren sie um 15.30 Uhr wieder nach Hause. Kurz darauf schlafe ich ganz einfach ein und werde erst wieder zum Nachtessen geweckt, esse aber nur einen Naturjoghurt und trinke Pfefferminztee dazu.

Schaue dann Sportschau und, nachdem ich meine Tabletten eingenommen habe, anschließend den *Tatort* und den nachfolgenden Krimi. Den Hilfebrüller Herrn La. hat man anscheinend mittlerweile auch von der Station VII auf die V verlegt, ich weiß das nicht – aber ich vermute das sehr stark, denn seine Hilferufe sind auch auf der V nicht zu überhören. Kurz vor 24.00 Uhr kommt die Nachtschwester noch einmal zur Kontrolle und ich lasse mir eine Schmerz- bzw. Schlaftablette bringen, die gegen 00.30 Uhr dann auch Wirkung zeigt.

MONTAG, 16.09.2013

Heute Nacht habe ich durchgeschlafen, bis Schwester Ver. ins Zimmer kommt. Mit ihr der Blutpanscher, d. h. dem Praktikanten, und der schafft es diesmal – oh Wunder – gleich beim ersten Mal an Blut zu kommen. Dann heißt es waschen, komplette Morgentoilette machen, wiegen (immer noch 87,5 kg) und Standardfrühstück einnehmen. Die Physiotherapeutin kommt um 10.00 Uhr, geht mit mir den Gang hoch und wieder zurück, lässt mich Atemübungen machen und ich bin sehr unzufrieden mit mir, denn das strengt mich doch mehr an, als ich je geglaubt hätte, und ich sehe keinen oder besser gesagt nicht sehr viel Fortschritt bei meiner Genesung.

Meine Frau ruft kurz darauf an und fragt (wegen meines Schwagers), welche Zollgröße unser Fernseher zuhause habe. Dann erscheint Frau Fischer, die Sozialarbeiterin des Hauses, und sagt mir, dass die Verlegung in eine Reha-Klinik von Mannheim aus gemanagt werden würde. Und schon ist schon Mittagessenszeit – 1 Scheibe gebackener

Fleischkäse, Nudeln mit irgendeiner undefinierbaren Soße. Schmeckt zwar wie A & F, aber der Hunger treibt es dann schließlich doch hinein.

Für heute hat sich keinerlei Besuch angemeldet und so zieht sich der Nachmittag mit Duseln – Fernsehen – Duseln so dahin. Abwechslung bringen erst wieder das Nachtessen – für mich heute wieder einmal nur zwei Naturjoghurt und einen Apfel –, das Tabletteneinnehmen und Fernsehen, bis die Schwester ihren Kontrollgang gemacht hat; und dann schlafe ich gegen 23.30 Uhr ein.

Dienstag, 17.09.2013

Um 07.20 Uhr kommt Schwester Ger., weckt uns, versorgt mich medizinisch und hält mich an, noch vor dem Frühstück meine Atemübungen zu machen. Nach dem Frühstück – heute mal 2 Weizenbrötchen, 20 Gr. Butter, Honig, Marmelade, 1 Naturjoghurt, kein Käse, keine Wurst, und 2 Tassen Kaffee – kommt gegen 09.00 Uhr Dr. S. ans Bett und teilt mir mit, dass ich heute früh – so gegen 10.00 Uhr – nach Mannheim verlegt werde. Eilig richte ich meine Utensilien zusammen und dann kommt Schwester Ger. und sagt mir, dass es vor 13.00 Uhr doch nicht klappen würde; d. h. also Mittagessen auf alle Fälle noch in Heidelberg. Heute gibt es Rindergulasch und Nudeln mit Gurkensalat und heute schmeckt mir alles! Dann wird's aus 13.00 Uhr auf einmal 15.00 Uhr und um 15.40 Uhr werde ich dann schließlich doch abgeholt. In der Aufnahme 16.3 (Klinikum Mannheim) bemerken die Affen vom Samariter-Hilfsdienst, dass sie den Begleitbrief mitsamt den Unterlagen aus Heidelberg vergessen haben. Ich komme in Zimmer 13 ein 4-Bett-Zimmer mit einem, wie mir scheint, bunt zusammengewürfelten Haufen zwischen

16 und 68 Jahren belegt. Ich räume meine Sachen ein, das meiste in den Schrank und den Rest ins Nachtschränkchen. Dann lege ich mich ins Bett und schaue fern bis zum Nachtessen – danach wieder Fernsehen (mit Kopfhörer). Ich schlafe dann, heute viel gelöster als die ganze Zeit vorher, gegen 23.00 Uhr ein.

MITTWOCH, 18.09.2013

Hohoho, die Uhren gehen wieder anders. 06.20 Uhr Wecken, Blutdruckmessen (120/80/68), Temperaturmessen (36,7 °), Wiegen (87,00 kg), gleich danach Frühstück.

10.15 Uhr, und der Junge hinten rechts hustet sich fast die Lunge aus dem Leib, kriegt Besuch von seinem Vater, beide meckern über alles, wollen ein Krankenhaus aber nicht missen, wie ich aus dem Gespräch heraushören kann. Der Vater nimmt seinen Sohn dann mit raus, um eine Zigarette zu rauchen. Dafür fehlt mir jedwedes Verständnis und ich würde ihm am liebsten die Zähne einschlagen. Der Patient, der hinten links liegt, kommt mir irgendwie bekannt vor, ich weiß aber bei allem Überlegen nicht, wo ich ihn hinstopfen soll. Dr. Hart. konfrontiert mich kurz wegen bevorstehender EKGs und Ultraschalluntersuchungen. Dann wird schon Mittagessen gebracht, Salzkartoffeln, Blumenkohl, Hackbraten und Salat. Ich habe einen Mordshunger und esse – fast – alles auf. Am Nachmittag kommt Dr. Hart. noch einmal und erklärt mir, dass ich eventuell noch 3 weitere Wochen hier in Mannheim mit Antibiotika behandelt werden müsse, eigentlich nur prophylaktisch, um eine erneute Endokarditis, also eine Entzündung, zu vermeiden. Die ganzen Wochen bisher wusste ich gar nicht, dass ich überhaupt eine Endokarditis hatte, oder man hat mir das bewusst verschwiegen – und weshalb und wieso habe ich dann jetzt zwei neue Herzklappen? Überhaupt hat mich noch kein Arzt, weder in Heidelberg noch in Mannheim, darüber aufgeklärt, was warum wie bei mir medizinisch gemacht wurde. Lediglich meine Frau erzählte mir, nachdem sie ein Gespräch mit Prof. Dr. S. in Heidelberg hatte, dass das mit den organischen Herzklappen nicht machbar gewesen sei, da man im Herz so viel wegschneiden musste, dass wegen der Größe nur noch anorganische Herzklappen eingesetzt werden konnten und dies nun die lebenslange Einnahme von Marcumar erforderlich mache. Nach der Antbiotikabehandlung würde man mich endgültig auf Marcumar umstellen und dann erst eine Reha beantragen. Dieses Gespräch versetzt mir doch einen kleinen Schock und ich bin restlos bedient, hatte ich doch gehofft, in den nächsten 4-5 Tagen nach Hause entlassen zu werden, aber dem scheint nun nicht so zu sein. Ich lege mich ganz geplättet aufs Bett, schalte nicht einmal den Fernseher ein und schlafe irgendwann, keine Ahnung wann, ziemlich niedergeschlagen, ein.

DONNERSTAG, 19.09.2013

06.25 Uhr – Schwester Ev., schon älter und mit prägnanter Bassstimme, aber lieb, weckt uns. Misst Blutdruck (130/80/74), Temperatur (36.9 °) – Gewicht 88,0 kg. Nach dem Frühstück werde ich abgeholt, runter in die Pneumologie zum Lungeröntgen, und ich bin zu meinem Erstaunen verhältnismäßig schnell wieder auf dem Zimmer. Während man mich hineinfährt, fährt man Herrn Mo., den Herrn, der rechts neben mir liegt, zur Schluck-Echo-Untersuchung. Kaum wieder im Zimmer, erscheint erneut die Patientenlogistik und holt mich zur Herz-Ultraschalluntersuchung ab. Mir schwant: Jetzt geht die Kacke genau wie vor 6 bis 7 Wochen schon wieder los; und ich soll recht behalten. Runterfahren, abstellen, anmelden, geschlagene 37 Minuten im Rollstuhl auf dem Gang stehen, 7 Minuten Ultraschall, dann wieder 21 Minuten auf dem Gang stehen und auf die Abholung warten. Endlich werde ich wieder zurückgefahren und telefoniere gleich mit meiner Frau, rufe dann auch noch meine Tochter an und melde mich zum Rapport. Mittlerweile ist Herr Mo. auch wieder auf dem Zimmer und es ist schon Mittagessenszeit. Heute gibt es Spinat, Salzkartoffeln und Putengeschnetzeltes, als Nachtisch Wackelpudding. Alles ziemlich fade und ich esse nur die Hälfte davon auf, wobei man ja mal anmerken muss, dass jeder Patient seine gewünschte Verpflegung, ob vegan, koscher, normal oder auch mediterran, in einem ihm rechtzeitig vorliegenden Wochenplan aussuchen kann. Nach dem Mittagessen werde ich wieder von der Pat.-Log. abgeholt und zum Ultraschall – Lunge – gebracht. Dauert nicht ganz so lange wie heute Morgen, und nachdem man Wasseransammlung auf dem Rippenfell festgestellt hat, muss ich auf Anweisung von Frau Dr. Kra. extra Wassertabletten einnehmen und darf nur noch ¾ Liter Flüssigkeit am Tag trinken.

Um 14.10 Uhr kommt meine Frau, sie bringt zwei Kartons frische Mohrenköpfe vom Oberfeld mit, wir laufen miteinander den Gang hinunter, geben die Mohrenköpfe für Schwestern und Ärzte am Tresen ab und gehen wieder ins Zimmer. Die Lauferei war ganz schön anstrengend für mich und ich lege mich wieder hin. Wir unterhalten uns noch und sie sagt mir, zuversichtlich, wie sie nun mal ist: Jetzt wird endlich alles wieder gut. Es bleibt mir nichts anderes übrig, als ihr das zu glauben. Um 16.15 Uhr geht sie wieder und Frau Dr. Kra. kommt mit Herrn Dr. Ha. und einem anderen Arzt noch einmal ins Zimmer – praktisch eine Kurzvisite machen. Danach wird der Junge sofort auf die Wachstation verlegt. Zum Nachtessen nehme ich nur 2 Naturjoghurt, eine Banane und Hagebuttentee, danach setze ich mich auf die Bettkante und schreibe Tagebuch. Die Nachtschwester bringt mir dann 3 Marcumar-Blutverdünner zum Einnehmen – ich schaue noch eine Weile fern und schlafe dann gegen 23.00 Uhr ein.

Freitag, 20.09.2013

Irgendwer hat heute Morgen verschlafen. Schwester Ev. weckt mich eine Stunde später als gestern.

07.20 Uhr – Blutdruck messen (130/80/64), Temperaturmessen (37,0 °) – Gewicht 88,7 kg. Ich begreife das nicht, ich esse fast nichts und nehme trotzdem an Gewicht zu – muss aber auch anmerken, dass ich schon 2 Tage nicht auf die Toilette brauchte. Das Bett wird gemacht, das Frühstück kommt – heute wieder mal Vitalfrühstück mit Müsli und Joghurt –, und ich trinke Muckefuck (Kathreiner – Karo?) dazu, esse aber keine Brötchen. Dann fällt mir auf einmal ein, woher ich diesen Herrn van H. oder so ähnlich – Holländer, wie man heraushört, wenn er telefoniert – kenne. Der hat mit Ricky in der Indonesian-Revivalband mitgespielt, die am Spargelfest immer ein Fass aufgemacht haben. Gerade fertig mit dem Frühstück, kommt ein Arzt und nimmt Blut bei mir ab, klärt mich dann zwei Stunden später bei der Visite auf, dass noch bestimmt 3 Wochen Antibiotika-Behandlung für mich notwendig sei. Diese Aussage haut mir gewaltig in die Magengrube, also von wegen, in 4-5 Tagen geht's nach Hause, die Odyssee, die am 28.07. scheinbar harmlos angefangen hat, geht weiter. Ich rufe daraufhin gleich meine Frau an – die ist aber nicht erreichbar. Ilse und Hartmut kommen mich besuchen und gehen kurz vor dem Mittagessen – heute gibt es Penne, Salat, Hähnchen mit Soße – wieder. Herrn Mo. wird von der Pat-log. abgeholt und zur weiteren Behandlung rüber in die Augenklinik gefahren. Noch bevor ich richtig fertig gegessen habe – ich esse nur die Hälfte auf heute –, ist die Stube schon wieder voll. Ein Mann – Herr Ta., ca. 55-60 Jahre – nimmt den Platz von Herrn Mo. ein und ich vermute, dass er noch im Hormel (halb in der Narkose) ist, denn er meckert und stottert dabei ununterbrochen und in einer Tour, ruft alle 4-5 Minuten um Hilfe oder nach der Schwester. Das kann eine heitere Nacht werden, denke ich mir. Gegen 14.00 Uhr kommt meine Frau und sie ist über die Neuigkeiten, meinen weiteren Aufenthalt betreffend, genauso unbändig erfreut wie ich. Um 16.20 Uhr geht sie wieder, gleich darauf kommen Traudel und Roman und 10 Minuten später auch noch Klaus und Angelika, und auf meinem Nachttisch häuft sich die mitgebrachte Schokolade. Wir unterhalten uns, bis das Triumvirat der Doktoren zur Visite erscheint und alle Besucher bittet, das Zimmer zu verlassen. Traudel und Roman verabschieden sich gleich – sie gehen noch ans Kiosk Oase und trinken einen Kaffee, Klaus und Angelika bleiben nach der Visite noch 15 Minuten und gehen dann auch wieder. Mich freut es sehr, dass die Bude heute so voll war. Nach dem Nachtessen kriege ich um 19.20 Uhr noch einmal Blut abgezapft und um 23.00 Uhr wird die leere Infusionsflasche – ich kriege jeden Tag Morgen, Abend und auch tagsüber noch Infusionen angehängt – gegen eine volle ausgetauscht. Der Neue, der für Herrn Mo. ins Zimmer gekommen ist, löchert, nervt und lamentiert die ganze Nacht, und es dauert lange, bis alle endlich eingeschlafen sind; bei mir ist es weit nach Mitternacht.

Keine erquickende Nacht hinter mich bzw. uns gebracht, die Worte *Hilfe* und *Schwester* haben wir in dieser Nacht bestimmt 200-mal gehört. Um 07.20 Uhr kommt Schwester Ev. zum Blutabnehmen, macht auch Abstriche fürs Labor. Heut lasse ich das Waschen ausfallen und nehme wieder mein Vitalfrühstück mit Müsli, Honig, Joghurt, 1 Apfel und einer Tasse braunem Wasser, von dem ich mir einrede, es sei Kaffee. Nachdem die Infusionsflaschen getauscht sind, döse ich bis zum Mittagessen vor mich hin. Der nörgelnde Neuzugang von gestern, Herr Ta., wird heute Morgen Gott sei Dank auf Zimmer 10 verlegt. Vielleicht tue ich ihm Unrecht mit meiner Einschätzung, denn wie wir etwas später erfahren, ist er fast blind – alleinstehend, arbeitslos, also sozusagen ein wirklich armes Schwein, der eigentlich für sich alleine eine Rundum- und auch soziale Betreuung – die aber in einem Einzelzimmer – bräuchte.

Vor dem Mittagessen telefoniere ich noch mit meiner Frau und sage ihr, sie soll 3 Portionen Eis mitbringen heute, für Herrn van H., Herrn Mo. und für mich. Um 13.45 Uhr kommt sie, verteilt das Eis und Herr van H. und auch Herr Mo. bekommen Besuch. Um 15.40 Uhr geht meine Frau wieder, sie will noch ins KKH-Kiosk Oase und einen Kaffee trinken. Nachdem auch der Besuch von Herrn van H. gegangen ist, unterhalten wir uns sehr angeregt und er sagt mir, dass er eigentlich auf einen OP-Termin in Dossenheim wartet. Er soll an der Hand operiert werden, aber sein bocksprüngiges Herz hätte sich dazwischengedrängt. Nun muss er die Bluttests abwarten und hoffen, bis er vom Stationsarzt das Einverständnis zu der OP bekommt. Der Rest des Tages bis zum Nachtessen – 6 Scheiben Zungenwurst, 20 Gr. Butter, 2 Scheiben Käse, 2 Scheiben Brot und

Hagebuttentee – besteht aus Fernsehen, Sportschau- und Krimigucken, bis um 22.00 Uhr wieder die 2. Infusion (Heparin-Blutverdünner) angehängt wird, dazu 2 Lutsch-tabletten und kein Marcumar, wobei mir die 2. Tablette versehentlich in den Hals rutscht und ich meine liebe Not habe, die mit Mineralwasser runterzuschlucken. Das hätte gerade noch gefehlt – Herz-OP überstanden und dann im KKH an einer Tablette erstickt. Nachdem alles überstan-den ist, schalte ich den Fernseher ein – im NDR ist Pop-konzert angesagt. Ich schalte dann aber gegen 00.30 Uhr den Fernseher aus und schlafe ein. Jedoch nicht ohne von Herrn Ta. aus Zimmer 10 (der gute Mann scheint wirklich keine Minute Schlaf zu brauchen) die andauernden Hilfe-rufe und Rufe nach der Schwester zu hören.

SONNTAG, 22.09. 2103

Schwester Ev. wechselt um 07.00 Uhr die Infusionsflasche mit dem Antibiotikum, misst Blutdruck (140/80/68) und die Temperatur (36.8 °), und um 07.15 Uhr kommt ein Krankenpfleger, ein Praktikant namens Bim., zum Wiegen – 88,5 kg. Der Stoffel geht zum Lachen garantiert in den Keller und ist außerdem ein äußerst unfreundlicher und launiger Zeitgenosse. Danach waschen, rasieren, hier im Klinikum Mannheim natürlich mit Bad und Toilette im Zimmer, frühstücken.

10.10 Uhr – Partner Peter ruft mich an, fragt, wie es mir geht. Herr Mo. und Herr van H. arbeiten beide mit ihrem Laptop und mein Perfusor (Gerät, das die Zufuhr von Heparin regelt) piepst und die Antibiotikainfusion ist auch leer. Ich klingle der Schwester und wer erscheint? Der Bim. zieht, noch genauso unfreundlich wie vor 3 Stunden, den Infusionsschlauch vom Zugang, nimmt die leere Flasche mit und geht wieder. Die Heparinpatrone interessiert ihn überhaupt nicht die Bohne. Ich warte 6-7 Minuten, ob er noch einmal aufkreuzt, und läute dann Sturm. Gleich darauf erscheint er wieder und ich erkläre ihm, dass die leere Heparinpatrone auch ausgewechselt werden müsse – was er bei Schwester Ev. nachfragt und dann, wenn auch missmutig, tut. Wir ereifern uns im Zimmer über diesen komischen Kauz und sind uns einig: Das ist ein Wolldouwe (unfreundlicher, grobschlächtiger Kerl), der in einem KKH eigentlich nicht verloren hat.

Ich lege mich wieder ins Bett und schlafe (war ja nicht allzu viel letzte Nacht) bis zum Mittagessen ein. Heute gibt es Hackbraten mit Pfanni-Glattstrich (Kartoffelpüree), grünweißer Soße und Salat. Ich versuche den Hackbraten, esse dann aber nur Glattstrich mit Soße, und das auch nur zu zwei Dritteln. Dann rufe ich meine Tochter an und bitte sie, mir einen Internetstick für meinen Laptop mitzubringen, und darum, dass die Kinder heute ruhig zuhause bleiben sollen. Meine Frau kommt um 14.10 Uhr – dann kommen auch noch Heike und Michl. Heute ist Großkampftag. Ich setze mich in die Besucher-Etage auf dem Gang draußen, Heike (Frisöse und gute Bekannte) schneidet mir die Haare und ich fühle mich wie fast neugeboren. Meine Tochter trudelt ein und hat die Enkel doch dabei. Wir reden über alles und nichts, über die Zeit, die ich nun doch länger hierbleiben muss, und als die Enkel anfangen wollen zu nörgeln, verabschieden sich alle auf einmal, und ruck, zuck bin ich wieder alleine. Ich ziehe meinen Schlafanzug an, lege mich aufs Bett und glotze TV, bis man einen neuen Patienten, einen Herrn Sch., hereinschiebt, der den freien Platz einnimmt, den Herr Ta. hinterlassen hat, auf dass wir wieder voll belegt sind. Ich frage Louis (den Holländer) – wir sind mittlerweile per Du –, wann er endlich nach Dossenheim kann, die Hand operieren lassen, aber er hat noch keinerlei positive Zusagen bekommen. Nach dem Nachtessen – 1 Stück Krakauer, 20 Gr. Butter, 2 Scheiben Käse, 1 Joghurt, 1 Tomate, heute mal wieder Pfefferminztee – TV schauen, frische Infusionen werden angehängt, und nachdem die 2. Infusion gegen 22.45 Uhr angehängt worden ist, schlafe ich gegen 23.30 Uhr ein.

MONTAG, 23.09.2103

Um 07.10 Uhr wird geweckt – Blutdruck gemessen (140/80/67), Temperatur (36.3 °); heute der 3. Tag, an dem das Bett nicht gemacht wurde. Krankenpfleger Praktikant Bim. kommt wiegen (88,35 kg) – und er ist heute bedeutend freundlicher. Vielleicht hat ihm gestern jemand die Leviten gelesen. Dr. Hart. kommt und setzt einen neuen Zugang für die Infusionen und nimmt gleichzeitig Blut fürs Labor ab – anschließend frühstücke ich, wie meist mein Vitalfrühstück. Herr Mo. wird zum Lungeröntgen abgeholt, kommt aber postwendend wieder aufs Zimmer, es scheint ihm nicht gut zu gehen und man will schnellstens ein EKG bei ihm machen. Louis hat schon gepackt und wartet, auf glühenden Kohlen sitzend, auf das Ergebnis seiner Blutuntersuchung von gestern, um endlich nach Dossenheim fahren zu können. Ich mache um 10.10 Uhr Atemübungen mit der Physiotherapeutin und verpenne anschließend die Zeit bis zum Mittagessen. Gemüsehähnchen und Risotto; ich probiere – bäääh, da kann man keinen Gourmet mit erfreuen – und esse nur 3-4 Gabeln voll. Nach dem Mittagstisch eröffnet man mir, dass ich heute noch umziehe – Einzelzimmer –, man hat Angst wegen eines Krankenhauskeimes und der Ansteckungsgefahr. Toll, denke ich, endlich fernsehen ohne Kopfhörer und Ge-

133

schnarche, weiß aber den eigentlichen Grund für meinen Umzug noch nicht. Meine Frau und mein Schwager kommen und sind auch sehr überrascht, aber erfreut, dass ich jetzt im Einzelzimmer liegen kann oder besser gesagt muss, wie sich später noch herausstellt. Um 15.50 Uhr gehen sie wieder. Gleich darauf kommen meine Tochter, mein Schwiegersohn und die drei Enkel. Die bleiben aber nicht lange, denn man will noch bei der Oma vorbeifahren. Die Zeit bis zum Nachtessen – 1 Stückchen Fleischwurst, 1 Scheibe Brot, 1 Tomate und Pfefferminztee – verbringe ich mit Fernsehen. Dann klingle ich der Schwester, denn ich bemerke, dass mit dem Zugang für die Infusion etwas nicht stimmt, weil sich unter dem Pflaster Blut rausdrückt. Die Schwester kommt, zieht die Kanüle und setzt eine neue ein, und dieses Mal richtig. Um 18.50 Uhr wird noch einmal eine Infusion angeschlossen und ich schaue das Fußballspiel am Montagabend. Um 22.10 Uhr wird noch eine Antibiotikainfusion angeschlossen, um 22.50 Uhr die leere Flasche von der Nachtschwester entsorgt. Trotz der lauten andauernden Rufe von Herrn Tag. aus Zimmer 10 nach der Schwester, in Abständen bestimmt 100-mal, schlafe ich gegen 23.50 Uhr ein.

DIENSTAG, 24.09.2013

Schwester EDV. weckt uns mit ihrer markanten Bassstimme gegen 06.25 Uhr, misst Blutdruck (130/80/72) und Temperatur (36.9 °) – Wiegen fällt heute, warum auch immer, aus. Nach der Morgentoilette und dem Vitalfrühstück kommt um 09.10 Uhr Dr. Hart. zur Morgenvisite und klärt mich auf, dass man in Heidelberg trotz einer Entzündung operiert habe. Die Physiotherapeutin Frau La. bespricht mit mir anschließend das Programm für morgen früh, denn sie möchte, dass ich mich morgen früh für die Prüfung einer Schülerin zur Verfügung stelle. Um 09.50 Uhr versuche ich Louis anzurufen, kann ihn aber nicht erreichen. Mittlerweile ist er in Dossenheim wegen seiner Hand-OP. Bis zum Mittagessen – heute will ich nur Müsli, Honig und 1 Apfel – schlafe ich, bis Gerd kommt und mir die Schuhe mitbringt, die ihm meine Frau für mich eingepackt hat. Wir unterhalten uns über seinen Urlaub; dann kommen auch noch Willi und Claudia. Sie bringen mir einen Kriminalroman mit, erzählen von ihrem tollen USA-Aufenthalt bei ihrer Tochter. Als dann um 16.40 Uhr die Infusionsflaschen getauscht werden, gehen alle drei. Den Rest des Nachmittags vertrödle ich mit Fernsehen bis zum Nachtessen – 2 Scheiben Brot, 1 Tomate, 8 Scheiben Salami –, schaue dann Fußball. Um 22.10 Uhr wird eine volle Infusionsflasche an- und um 23.05 Uhr wieder abgehängt. Ich schalte den Fernseher aus, kann aber nicht einschlafen, klingle der Nachtschwester und lasse mir eine Schlaftablette bringen, nehme die ein und bin so gegen 23.20 Uhr, glaube ich, eingeschlafen.

MITTWOCH, 25.09.2013

Geweckt wird um 06.20 Uhr; Blutdruck 140/80/72, Temperatur 36.3 °. Auf die Waage und – 90,80 kg! Ich kann mir ums Verrecken nicht erklären, wieso ich zunehme, obwohl ich fast keine Kalorien zu mir nehme. In die Dusche, waschen, rasieren, dann frühstücken – Vitalfrühstück wie die ganze Zeit. Dr. Hart. kommt zur Visite und fragt, ob ich mit dem Einzelzimmer zufrieden sei – ein weiterer Arzt kommt hinzu und beide hören mich mit dem Stethoskop ab. Dr. Hart. erklärt mir, dass die Marcumartabletten bis heute abgesetzt worden seien, weil die Norm (welche?) er-

135

reicht sei. Sie gehen wieder und um 09.50 Uhr werde ich von Frau La. abgeholt, um als Proband bei einer Physioprüfung zur Verfügung zu stehen. Hohoho, eine bildhübsche junge Dame, die dann bis 11.00 Uhr an mir herumfummelt und ihre Prüfung bravourös meistert. Zurück im Zimmer kommen Dr. Hart. und Dr. Dam. nochmals und hören mich ein zweites Mal ab – und sind sich einig, dass kein Wasser in der Lunge ist, dafür aber in den Beinen. Sie verordnen eine Spritze zum Entwässern, und Schwester Ev. verabreicht sie mir etwas später auch schon. Ich bin hundsmüde und lege mich um 12.40 Uhr aufs Bett – Mittagessen lasse ich heute ausfallen –, und gegen 14.00 Uhr kommen Dr. Hart. und Dr. Dam. (zum 3. Mal heute), hören mich noch einmal ab und sagen mir, dass alles gut aussehe.

14.30 Uhr, meine Frau, Christel und Robert bringen mir Eis und ich erkläre meiner Frau, dass doch nicht alles Gold ist, was glänzt, denn ich fühle mich mittlerweile in dem Einzelzimmer manchmal wie in einem Sterbestübchen – alles steril weiß, kalt. Partner Peter kommt mich auch noch besuchen. Wir reden über sein Soloprogramm – seine Premiere –, und um 16.40 Uhr lassen sie mich alle wieder alleine. Ich mache noch ein paar Atemübungen mit dem Triflex und dann kommt auch schon das Abendessen. 3 Scheiben Tilsiterkäse, 1 Tomate, 1 Kugel Frischkäse, 2 Scheiben Brot und eine Tasse Pfefferminztee. Louis (der Holländer) ruft an und sagt mir, seine Blutwerte seien wieder viel besser geworden, die Hand-OP gut verlaufen, und er sei mittlerweile schon wieder zuhause. Ich wünsche ihm alles Gute und sage, man könne ja mal wieder miteinander in Kontakt treten. Danach D-MAX schauen. Garage-Sales und dann internationale Fußballberichte. Infusionen werden ausgetauscht; ich lasse mir eine 1 Schlaftablette geben, kriege die Fußballergebnisse nicht mehr alle mit, auch nicht, wie die Nachtschwester die Infusion wieder abhängt – ich bin einfach übergangslos, trotz heftigen Hustens, gegen 11.00 Uhr eingeschlafen.

DONNERSTAG, 26.09.2013

Wache heute sehr früh um 04.45 Uhr auf, weil das Licht im Zimmer brennt, und kann wegen des dauernden Hustens nicht mehr einschlafen, denn der Schleim löst sich so gut wie gar nicht und dadurch bekomme ich schlecht Luft. Um 06.20 Uhr wird wie immer Blutdruck gemessen (140/80/71), Temperatur 37.0, Gewicht 90,5 kg. Schwester I. kommt und schließt die Infusionsflasche an, lässt mich dann Sauerstoff inhalieren, schließt dann die 2. Infusionsflasche an. Die Flüssigkeit läuft aber nicht zufriedenstellend. Die Kanüle schmerzt, scheint verstopft zu sein und der Unterarm ist so angeschwollen, dass die Kanüle gezogen werden muss. Gleich nach dem Frühstück kommt Dr. Dam., legt eine neue Kanüle für die Infusion – er sucht 15 Minuten eine geeignete Stelle an beiden Armen, meint, da sei durch die Vielzahl der Einstiche schon einiges so vernarbt, dass man nicht mehr durchkomme. Schließlich findet er dann doch eine Stelle und zapft gleich Blut fürs Labor ab. Nach einer Kurzvisite kriege ich durch Dr. Hart. Brausetabletten gegen den hartnäckigen Husten und den Schleim verordnet. Dann werde ich, weil ich darum gebeten hatte, um 10.30 von der Pat.-Log. abgeholt und ins Augenklinikum – da, wo alles seinen Anfang genommen hat – gefahren. Der untersuchende Augenarzt ist mit der Sehkraft des linken Auges ganz zufrieden, versetzt mir allerdings einen kleinen Dämpfer, der mich schlucken lässt. Ein beginnender grauer Star auf dem linken Auge (noch O. K. und nicht OP-verdächtig) und 2-3 Mikroinfarkte, sogenannte Schafswolle, auf der Netzhaut des linken Auges. Wann und wieso die aufgetreten sind, sei in den Unterlagen nirgends vermerkt, ich sollte das aber regelmäßig kontrollieren lassen, und bei den Augenärzten B. und K. sei ich ja in allerbesten Händen. Um 12.35 Uhr bin ich wieder auf meinem Zimmer, nehme mein Vitalmittagessen ein und schlafe dann, bis meine Frau und meine Tochter mich um 14.45 Uhr besuchen kommen. Meine Tochter will unbedingt die Ärzte sprechen und 30 Minuten später erscheint Dr. Hart. im Zimmer, um uns über die Sachlage aufzuklären, von der vorher keiner von uns eine Ahnung hatte. Man hat mich in ein Einzelzimmer verlegt, nicht weil man befürchtete, irgendwer könne mich anstecken oder infizieren, nein, man hat mich in das Einzelzimmer gesteckt, weil man bei mir – aufgrund der Blutuntersuchungen und der Abstriche, die von Schwester Ev. gemacht wurden – einen Krankenhauskeim vermutet und man mich deswegen, auch wegen einer eventuellen Herzmuskelentzündung, isoliert halten wolle – *müsse*, um andere, z. B. frisch operierte Patienten nicht zu gefährden. Das Hauptaugenmerk liege momentan jedoch auf der noch nicht nachgewiesenen Herzmuskelentzündung. Wegen des Keimverdachts hat auch die Reha-Klinik in Bad Dürkheim eine Aufnahme in ihrem Hause nicht grundsätzlich abgelehnt, aber sich diese Option offen gelassen. Dr. Hart. geht wieder – meine Frau und meine Tochter auch, sie wollen im Media-Markt noch einen Internetstick für meinen Laptop kaufen. Die Infusionsflaschen sind leer und werden abgehängt, und nach dem Abendbrot – 2 Scheiben Brot, 1 kalte Frikadelle, 1 Tomate, ein paar Mixedpickles, Hagebuttentee – inhaliere ich noch 10 Minuten mit dem Triflex und schaue, nachdem um 22.20 Uhr die nächste Infusion angehängt ist, weiter fern. Unter irrem Grübeln schlafe ich dann, nachdem die Infusionen gegen 23.10 Uhr wieder abgehängt wurden, weil leer, irgendwann nach 00.00 Uhr ein.

Keine gute Nacht hinter mich gebracht – habe nicht viel geschlafen, weil mir 1. die Sache mit dem Krankenhauskeim nicht aus dem Kopf geht, und 2. Herr Ta. aus Zimmer 10 weiterhin durch sein lautes Rufen: *Schwester – Hilfe – hallo – ist da jemand –*, und das die ganze Nacht über, zu laut und deutlich zu vernehmen war und eine angenehme Nachtruhe nicht zugelassen hat. Heute Morgen kein Messen von Blutdruck und Temperatur, kein Wiegen, nur Dr. Dam. kommt, um Blut abzunehmen. Schwester U. kommt nach dem Frühstück (Müsli, Honig, Apfel, Muckefuck), schaut mich an und fragt, ob alles in Ordnung sei. Ich scheine ihr nicht überzeugend genug geantwortet zu haben, denn keine 5 Minuten später stehen Dr. Hart., Dr. Da. und Frau Dr. Lie. an meinem Bett und Dr. Hart. meint, ich solle mir keine unnötigen Sorgen wegen des Keimes machen – den Eindruck, dass ich mir Sorgen mache, habe er gestern bei seiner Erklärung gewonnen. Die Physiotherapeutin kommt anschließend, schon im grünem Schutzmantel, Handschuhen und Mundschutz, und ich kriege auf einmal ein ganz flaues Gefühl in der Magengegend. Sie macht Laufübungen mit mir – im Zimmer. Anschließend wird Blutdruck gemessen (130/70/92); und mit der Bemerkung, der Wert sei okay und ich hätte da schon noch Potenzial nach oben, verabschiedet sie sich bis voraussichtlich Montagfrüh, wie sie sagt.

10.30 Uhr, Liesel und Hans kommen, bringen Milka und Obst mit, bleiben aber nicht lange und gehen um

10.45 Uhr schon wieder – vielleicht, weil ich noch etwas außer Atem bin oder sie gemerkt haben, dass ich nicht gut drauf bin. Ich setze mich auf die Bettkante, grüble vor mich hin und um 11.50 Uhr kommt das Mittagessen – Fleischbällchen, Pfanni-Glattstrich, Karottengemüse. Alles schmeckt fade und ohne Eigengeschmack, salzlos, eigentlich nur bääääh. Ich esse 4 Gabeln voll – 1 Fleischbällchen, keine Karotten, keinen Nachtisch, Appetit gleich null; mir ist einfach nicht nach Essen. Nachdem alles wieder abgeräumt ist, mache ich 15-20 Minuten Atemübungen, und dann ist es schon wieder Zeit und die nächste Infusion wird angehängt. Während ich auf der Bettkante sitze und schreibend auf meine Frau warte, ruft der Patient Ta. aus Zimmer 10 immer noch unermüdlich und im Abstand von zehn, fünfzehn Minuten um Hilfe und nach der Schwester. Es ist 14.30 Uhr und endlich ist sie da – meine Frau –, das erste Mal ganz alleine, und sie hat mir ein großes Eis mitgebracht. Da ich mich ja mit Verdacht auf Krankenhauskeim praktisch auf Isolierstation befinde, muss, wer hereinkommt, Schutzkleidung anziehen, die vor dem Zimmer auf dem Gang deponiert ist. Daran hält sich – und das soll ich in den nächsten Tagen noch merken – beileibe nicht jedermann. Das betrifft die Ärzte, die Schwestern, das Servicepersonal, die Putzkolonnen – strikt und immer hält sich eigentlich nur jeder, der mich besuchen kommt, daran. Meine Frau geht wieder, als ich um 15.15 Uhr die nächste Infusion verabreicht bekomme. Um 16.00 Uhr läute ich der Schwester, die hängt die leere Flasche wieder ab und um 16.20 Uhr kommt das Abendessen: 2 Scheiben Brot, 2 Scheiben Kochschinken, 1 Tomate, 3 grüne Spargel aus dem Glas (bäääääh) und Pfefferminztee. Dann heißt es, von Schwesternseite aus, 15 Minuten inhalieren. Ich bitte um 07.50 Uhr um eine Schlaftablette, nehme die ein und lasse mir noch Ohrenstöpsel bringen. Schaue noch eine halbe Stunde fern und schlafe dann, nachdem ich die Ohrenstöpsel eingesetzt habe, ein.

06.30 Uhr werde ich von einer Schwester geweckt – Blutdruck messen (130/70/68), Temperatur (36.0 °); Gewicht 90,0 kg. Anschließend geht es in die Dusche – Katzenwäsche, duschen kann und darf ich immer noch nicht. Das Bett ist jetzt den 3. Tag immer noch nicht gemacht und mittlerweile bilden sich schon die Falten des Betttuchs vom dauerhaften Liegen auf meinem Hintern ab. Die OP-Narbe ist immer noch zugepflastert und noch immer keine Neuigkeiten, was die Abstriche und den Krankenhauskeim betrifft, keine ärztliche Visite heute und der Tag verläuft vor und nach dem Mittagessen, von dem ich nicht begeistert bin und in dem ich nur ein bisschen herumstochere, trostlos. Bis meine Frau mich um 13.50 Uhr besuchen kommt. Sie bleibt etwa 1 Stunde, zieht dann die Schutzkleidung wieder aus, wirft sie in den Abfallbehälter neben dem Waschbecken und geht wieder. Den Rest des Nachmittags vertrödle ich mit Duseln – Fernsehen – Duseln und gammle so richtig durch die Zeit, bis um 16.10 Uhr die Infusion gelegt und um 17.05 Uhr wieder abgehängt wird. Nach dem Nachtessen um 17.15 Uhr – spärlich und spartanisch wie immer – schaue ich Sportschau, Tagesschau, Krimi, zappe die Programme durch und warte, bis mir die Nachtschwester um 22.20 Uhr die 2. Infusion legt und um 23.05 Uhr wieder abnimmt. Den Hilfeschreier hört man, wenn überhaupt, nur noch selten und, wie ich meine, von weiter entfernt. Wie mir die Nachtschwester später erzählt, haben sich etliche Patienten beschwert und man hat Herrn Ta. daraufhin – wohin? – verlegt. Soll mir recht sein und nachdem die Nachtschwester gegangen ist, schlafe ich gegen Mitternacht ein.

SONNTAG, 29.09.2013

Heute keinerlei Messungen – nur Katzenwäsche,, Frühstück und dann ein Gammelvormittag wie gestern auch. Vom Mittagessen – Rösti, Mischgemüse, Bratenfleisch – esse ich nur die Hälfte und bin satt; hat heute wenigstens einigermaßen geschmeckt. Ich gucke dann DTM-Meisterschaft, meine Frau kommt, bringt mir Eis mit, wir quatschen miteinander und ich sage ihr, dass mich mein Rücken und die Beine vom konstanten Liegen schmerzen; und um 14.30 Uhr wird wieder eine Infusion gelegt. Als die Schwester um 15.50 Uhr kommt, um die Infusionsflasche abzuhängen, geht meine Frau wieder und der Rest des Nachmittags ist Trübsal und Fernsehen. Das Nachtessen um 16.45 Uhr – 8 Scheiben kalter Schweinebraten, 20 Gr. Butter, 2 Scheiben Brot, 2 Maiskölbchen, Pfefferminztee – ist heute okay. Mein Sohn ruft mich etwas später aus den USA an, um sich nach dem Stand der Dinge zu erkundigen. Ich sage ihm, dass es noch keine neuen Erkenntnisse gibt, und dann schaue ich wieder in die Glotze. Heute Abend wird keine Infusion mehr angeschlossen und ich kann nicht schlafen. Ich weiß nicht, warum – aber ich schlafe, als die Nachtschwester um 02.30 Uhr reinschaut, immer noch nicht. Dann aber fallen mir irgendwann am frühen Morgen doch die Augen zu.

Um 07.00 Uhr werde ich geweckt; Blutdruck gemessen (145/70/74), Temperatur (36.8 °), Gewicht 90,4 kg, und Schwester Ev. befreit mich endlich vom Wundpflaster auf der OP-Narbe, reinigt die Stelle von den Pflasterresten und meint: Das sieht aber gut aus. Sie macht erneut einen After-Abstrich fürs Labor und veranlasst, dass heute endlich das Bett neu bezogen wird. Nach dem Frühstück kommt der Physiotherapeut, massiert mich eine halbe Stunde lang, macht Atemübungen mit mir und lässt mich den Gang hoch- und wieder runterlaufen. Das strengt mich alles ganz schön an.

10.30 Uhr, Visite mit Frau Dr. Lie., Frau Dr. Kra. und Herrn Dr. Da., wieder nicht in kompletter Schutzkleidung – sie hören mich nacheinander ab, alle drei. Dann erklären sie mir, dass ich mir den VRE-Krankenhaus-Keim, wenn vorhanden, in Heidelberg eingefangen hätte, da die Abstriche vom 23.8, die vor meiner Verlegung nach Heidelberg hier in Mannheim vorgenommen wurden, alle negativ gewesen seien. Ich kann das aber nicht so ganz glauben, denn in Heidelberg war vor meiner Rückverlegung nach Mannheim von einem KKH-Keim keine Rede und anscheinend auch kein Bedarf, und doch wurde nun, nach nur 7 Tagen Nachsorge in Mannheim, ein KKH-Keim diagnostiziert, und wenn ich drei und drei zusammenzähle, komme ich zu dem Ergebnis, dass ich mir den Keim eigentlich nur in Mannheim eingehandelt haben kann. Ein Endergebnis der neuerlichen Blutuntersuchungen und Abstriche würde man mir heute aber noch mitteilen können. Das Mittagessen hat mir deswegen aber auch nicht besser geschmeckt – ich habe eh nur die Hälfte gegessen.

14.10 Uhr, meine Frau kommt, bringt mir Eis mit.

Wir unterhalten uns, und da es keine prägnanten Neuigkeiten gibt, schlüpft sie um 16.10 Uhr wieder aus ihrer Schutzkleidung, entsorgt sie im Abfallkorb neben dem Waschbecken und geht wieder. Der Rest vom Schützenfest ist Im-Bett-Liegen und Fernsehen bis zum Nachtessen: 4 Scheiben Gelbwurst, 2 Scheiben Lachsschinken, 20 Gr. Butter, 2 Maiskölbchen, 2 Scheiben Brot und Pfefferminztee. Danach wieder Fernsehen – von 23.10 Uhr bis 23.55 Uhr am Infusionstropf hängen und dann hundemüde einschlafen.

Dienstag, 01.10.2013

Um 06.40 Uhr weckt mich Schwester Ev., misst Blutdruck (140/70/72) und Temperatur (35.8 °), Krankenpfleger Bim. kommt wiegen (90,4 kg) und er ist heute Morgen sehr umgänglich und freundlich. Nach dem Frühstück um 08.20 Uhr die ersten Infusionen und 10 Minuten Inhalieren, dann mache ich Atemübungen mit dem Triflex, das bringt mich aber in keinster Weise vorwärts. Um 09.50 Uhr kommt der Physiotherapeut, übt Laufen mit mir – auf dem Zimmer –, misst in Abständen nach einer Belastung dann den Blutdruck (140/70/72 – 150/70/80 – 130/70/72) und ist, außer mit der Atmung, mit dem Zustand, in dem ich mich befinde, zufrieden. Frau Dr. Lie. kommt zur Visite, sie sagt mir, es seien noch Wassereinlagerungen in der Lunge, die Entzündungswerte seien rückläufig, hätten sich fast wieder normalisiert, und die eine von 2 Laboruntersuchungen sei negativ ausgefallen. Auf das Ergebnis der anderen warte man noch. Den Antrag auf eine Reha-Unterbringung hätte sie unterschrieben und wahrscheinlich könnte ich Ende nächster Woche in die Reha entlassen werden. Claudia und Willi, etwas später auch Gerd, kommen mich besuchen.

Nach 40 Minuten entledigen sie sich der Schutzkleidung und gehen wieder. Schwester Ev. sagt mir, ich sei für heute Morgen zum Röntgen und zum Ultraschall angemeldet – aber mittlerweile kommt das Mittagessen: Vanillesoße (oder so etwas Ähnliches) und Apfelstrudel; ob der erfreulichen Nachrichten verputze ich das erste Mal alles. Den Nachmittag verdusele ich, denn meine Frau kommt heute nicht. Heute ist Dienstag und Dienstag ist Oma-Tag – zur freien Gestaltung. Um 16.50 Uhr Nachtessen: 2 Scheiben Räucherkäse, 20 Gr. Butter, 3 Scheiben Mortadella, 2 Maiskölbchen, 2 Scheiben Brot und Pfefferminztee. Gleich anschließend wird die 2. Infusion für heute angehängt und ich schaue fern, bis um 23.00 Uhr die 3. Infusion angehängt und um 23.40 Uhr wieder abgehängt wird. Von der Nachtschwester lasse ich mir eine Schlaftablette geben, werfe die ein und schlafe irgendwann nach Mitternacht ein.

MITTWOCH, 02.10.2013

Eine Schwester weckt mich um 06.40, misst den Blutdruck (140/90/76), Temperaturmessen negativ, Gewicht 89,6 kg. Ein neuer Zugang wird gelegt, der alte ist vermutlich schon zu lange gesetzt, bleibt aber noch. Die Infusionen werden am neuen Zugang angehängt und man lässt mich inhalieren. Waschen am Waschtisch, dann wieder Vitalfrühstück mit Müsli, Honig, Apfel, 1 Brötchen und Hagebuttentee. Der Physiotherapeut und Frau La. laufen mit mir in voller Montur (Schutzkleidung mit Haube, Handschuhe, Mundschutz) über den roten Steg hinaus auf die Straße am Neckarufer und wieder zurück. Danach, wieder im Zimmer, brauche ich eine Massage der Oberschenkel, denn die brennen und schmerzen wie nach einem 10-km-Lauf.

10.50 Uhr. Frau Dr. Kra., Frau Dr. Lie. und Herr Dr. Dam. kommen zur Visite, hören mich wieder ab, diagnostizieren noch immer Wasser in der Lunge – aber weniger – und sagen mir, dass das 2. Ergebnis aus dem Labor, den Keim betreffend, noch nicht vorliege – verstehe das, wer will, ich nicht. Krankenpfleger Bim. kommt, um die 2. Infusion anzuhängen, der alte Zugang wird nun doch gezogen (die Zeitangabe, wie lange er liege, stimme nicht mit den Unterlagen überein). Dann gibt es schon Mittagessen, Gulasch und Nudeln. Ich esse – aber nicht alles –, telefoniere dann mit unserer Tochter und sie sagt mir, dass die Enkel krank seien, Ohrenschmerzen hätten, und das beschäftigt mich auch eine ganze Weile. Um 12.25 Uhr wird heute noch einmal (warum?) Blutdruck gemessen – 101/58/71. Meine Frau kommt um 14.10 Uhr, bringt mir Eis mit, und um 14.25 erscheint die Patientenlogistik und will mich, da man es gestern anscheinend verschlafen hat, während der Besuchszeit zum Röntgen abholen. So viel hirnlose Logistik habe ich noch nicht erlebt – wer immer solches auch zu verantworten hat. Denn wie sich, auf meine nachdrückliche Beschwerde hin, vorne am Counter herausstellt, ist der Termin zum Röntgen um 15.45 Uhr eingetragen. Also Patientenlogistik wieder Abmarsch, und sie holen mich um 15.30 ab, und das kann, wie schon gewohnt, lange dauern, bis man wieder im Zimmer ist. Deshalb verabschiedet sich meine Frau und geht. Aber der Teufel macht sein Spiel – nach genau 9 Minuten bin ich dieses Mal wieder auf Station und im Zimmer. Lege mich ins Bett und schaue aus lauter Frust Fußball. Das Nachtessen kommt – 8 Scheiben Schwartenmagen, 2 Scheiben Brot, 1 Gewürzgurke, Pfefferminztee. Ich schaue Ergebnisberichte der Champions League und kriege um 23.10 Uhr die 3. Infusion für heute an- und um 23.50 wieder abgehängt. Ich schlafe dann kurz nach Mitternacht ein.

DONNERSTAG, 03.10.2013

06.30 Uhr ist Wecken angesagt, Blutdruckmessen (150/80/72), heute auch wieder die Temperatur (36,1 °), Wiegen (89,6 kg). Danach gehe ich an den Waschtisch, mache heute wieder nur Katzenwäsche. Der Putzteufel kommt – natürlich, wie nicht anders gewohnt, ohne Schutz- kleidung – und wischt in 2 Minuten, länger hat das noch nie gedauert, das Zimmer durch. Nach dem Frühstück, vital wie immer, wird die 1. Infusion angehängt und ich muss 15 Minuten Sauerstoff inhalieren. Dann kommt das Bettenduo, macht das Bett, und die Infusionsflasche wird wieder, weil leer, abgehängt. Der Physiotherapeut kommt um 09.50 Uhr, belässt es heute aber bei einer 30-minütigen Massage. Dann rufe ich meine Frau an, die kommt heute nicht zu Besuch, sagt sie, denn sie ist heute mit unserer Tochter und den Enkeln unterwegs – auch zum Abschlussfest bei Eis-Oberfeld. Das Mittagessen kommt. Für heute habe ich mal *vegetarisch* im Speiseplan angekreuzt – 1 Bratling (aber kein Fleisch), Karottengemüse, Pfanni-Glattstrich – und es schmeckt überragend scheußlich. Vielleicht gehört mir aber auch die Zunge geschabt, weil mir so vieles (fast alles) so gut wie gar nicht schmeckt.

Der Nachmittag und der Abend vergehen, ohne dass irgendwelche bemerkenswerte Vorkommnisse zu notieren wären, und alles geht seinen Gang wie die letzten Tage auch. Gegen 23.20 Uhr schlafe ich, nachdem ich den Fernseher abgeschaltet habe, ein.

Heute werde ich von Schwester Ly. 10 Minuten früher geweckt, also um 06.20 Uhr; Blutdruck messen (160/90/72), Temperatur (36.9 °), Wiegen ist heute nicht. Der Blutdruck scheint mir heute doch etwas hoch zu sein. Nach der Morgentoilette (Katzenwäsche) im Schnelldurchgang die 1. Infusion und inhalieren. Dann frühstücken, heute mal wieder Müsli mit Honig, Marmelade, 1 Apfel. Frau Dr. Lie. kommt um 10.10 Uhr zur Visite, hört mich ab und sagt, sie sei, bis auf das Wasser in der Lunge, mit dem Fortschritt der Genesung zufrieden und vielleicht könne man ab morgen die Infusionen absetzen. Nachdem sie wieder gegangen ist. genehmige ich mir einen ausgiebigen Aufenthalt unter der Dusche und fühle mich hinterher sauwohl. Als das Mittagessen hereingetragen wird, weiß ich, dass ich zweimal vegetarisch gegessen habe – das 1. und das letzte Mal. Heute gibt es Putenbrust, halbbreite Nudeln, Tomatensoße, Salat, und ob der Aussicht, dass die Infusionen endlich ein Ende haben werden, schmeckt mir das Mittagessen heute ausgezeichnet und ich esse alles auf. Am frühen Nachmittag 13.15 Uhr wird die 2. Infusion angehängt und, bevor meine Frau und mein Schwager um 14.10 Uhr kommen, wieder abgehängt.

Ich erzähle, dass die Infusionen ab morgen vielleicht schon Vergangenheit sein könnten, und mein Schwager geht ans Kiosk, Eis holen. Wir unterhalten uns dann noch ausgiebig und um 16.05 Uhr gehen beide wieder. Um 17.15 Uhr kommt auch schon das Nachtessen – 2 Scheiben Brot, 50 Gr. Kalbsleberwurst, 2 Scheiben Käse, 1 kleiner Henkel Trauben, 1 Naturjoghurt, Pfefferminztee. Danach Fernsehen – heute wird (warum?) keine 3. Infusion angehängt, ich schalte früh den Fernseher aus und schlafe gegen 23.30 ein, nicht ohne die vertrauten Rufe nach der Schwester von Herrn Ta. wieder zu vernehmen.

SAMSTAG, 05.10.2013

Ich glaube, man hat, aus welchen Gründen auch immer, Herrn Ta. wieder in die Nähe von Zimmer 8 verlegt, denn sein stetes Rufe nach der Schwester war die ganze Nacht zu hören. Schwester Ly. weckt mich um 06.25 Uhr, misst den Blutdruck – 130/70/72; heute ist er bedeutend niedriger als gestern Morgen. Temperatur 36.4 °, Gewicht 85,6 kg. Auf die 1. Infusion und das Inhalieren folgt wie immer die obligatorische Katzenwäsche. Es ist Samstag und es lässt sich heute weder ein Arzt zu Visite noch ein Physiotherapeut noch eine Putzfrau sehen – auch gut. Ich warte auf das Mittagessen – Käsespatzen (oder Ähnliches) und Salat, seeehr gewöhnungsbedürftig, und würde ich solches zuhause meinen Kindern vorsetzen, würden sie mir garantiert die Vaterschaft aberkennen. Zu meiner Überraschung, aber großen Freude bringt mir meine Frau Fleischwurst mit und geht, während ich die 2. Infusion angehängt bekomme, an den Kiosk, um eine Brezel und Eis zu kaufen. Wir quatschen dann noch eine Weile miteinander Belangloses über dies und jenes. Sie wundert sich, dass man Herrn Ta. wieder nach der Schwester rufen hört, und geht um 16.10 Uhr wieder. Ich schaue fern, und nach dem Abendessen – 2 Scheiben Brot, 20 Gr. Butter, 4 Scheiben Bierschinken, 1 Tomate, 1 Gewürzgurke, 1 Joghurt und Pfefferminztee – gibt es die Sportschau im Ersten. Dann zappe ich durch die Programme, während von 23.35 Uhr bis kurz vor 24.00 Uhr die 3. Infusion durchläuft und ich die Nachtschwester frage, wie man bei einem solchen Patienten wie Herrn Ta.

die Nerven behalten und weiter freundlich bleiben kann. Sie lächelt mich an und sagt kurz und knapp: Nächstenliebe und Toleranz, knipst das Licht aus, und ich schlafe ob meiner Lehrstunde, die ich gerade erhalten habe, zufrieden ein.

Sonntag, 06.10.2013

Der dritte Tag, an dem mich Schwester Ly. weckt, und zwar um 06.20, dann wie gewohnt den Blutdruck (110/60/72) und die Temperatur misst (36.3 °), mich wiegt (85,6 kg), die 1. Infusion durchlaufen und mich dabei inhalieren lässt. Danach kommt die Morgentoilette: Abwaschen, rasieren, Haare waschen, Haut mit Bepanthol, einer Feuchtigkeit spendenden Milch, einschmieren. Schlafanzug wechseln und dann gemütlich auf der Bettkante sitzend frühstücken. Anschließend schalte ich den Fernseher ein, schaue Formel 1 und dann den Erntedank-Gottesdienst, der mich irgendwie berührt und auch nachdenklich macht – dann schreibe ich wieder Tagebuch. Das Mittagessen ist heute eine Art Beuff Stroganoff; nicht überragend, aber durchaus essbar. Gegen 14.30 Uhr kommt meine Frau, holt mir eine Rumwurst und eine Brezel am Kiosk, vergisst aber, mir ein Eis mitzubringen. Nun, davon geht die Welt nicht unter. Wir reden noch über die Kinder, die Enkel, und als man die 2. Infusion für heute anhängt, geht sie um 16.15 Uhr wieder. Schaue dann – na, was wohl – sämtliche Sportangebote im Fernsehen, und nachdem mein Sohn mich um 20.20 Uhr aus USA anruft und ich auch mit meiner Enkelin Leni und meiner Schwiegertochter sprechen kann, geht es mir bedeutend besser. Nachdem dann die letzte Infusion für heute von 23.35 Uhr bis 00.05 Uhr durchgelaufen ist, schlafe ich gegen 00.45 Uhr ein.

06.20 Uhr ist hier im Klinikum die Standard-Weckzeit und der Ablauf immer der gleiche. Blutdruckmessen (110/60/68), Temperaturmessen (36.3 °), Wiegen (85,7 kg). Die Rufe von Herrn Ta. schallen noch immer Tag und Nacht über den Flur. Ich atme immer noch schwer und der Schleim hustet sich nur schwer ab. Die 1. Infusion wird angehängt, aber heute läuft die Flüssigkeit in den Ärmel des Schlafanzugs anstatt in die Vene – die Kanüle scheint verstopft zu sein. Ich läute der Schwester und melde ihr das. Nach dem Frühstück kommt eine Schwester, zieht die Kanüle und versucht eine neue zu legen. Bestimmt 15 Minuten sucht sie nach einer geeigneten Einstichstelle und meint, da sei ja alles schon knüppelhart und vernarbt vom vielen Stechen, findet dann aber schließlich doch ein Plätzchen und hängt die Infusion wieder an. Nachdem die Flasche leer und abgehängt ist, kommt um 09.50 Uhr der Physiotherapeut und wir machen 25 Minuten lang nur Atemübungen. Er geht, als Frau Dr. Lie. und Frau Dr. Kra., nur im grünen Schutzmantel und Handschuhen, aber ohne Haube und Mundschutz, zur Visite kommen. Es befände sich noch immer Wasser in der Lunge, sei aber nicht mehr so schlimm und man werde mich entsprechend medikamentieren. Die Infusionen und die Isolation würden heute wahrscheinlich noch aufgehoben. Das Labor habe angerufen und man warte lediglich noch auf die schriftliche Bestätigung – diese Argumentation verstehe ich zwar nicht, muss sie aber akzeptieren. Ich setzte mich an den Tisch und schreibe Tagebuch, bis meine Frau anruft, um mir zu sagen, dass unser neuer Bürgermeister Störmer heißt. Heute gibt es zum Mittagessen Rigatoni mit Hackfleisch-Tomatensoße und Salat. Hier serviert die

Küche oft Allerlei in Tomatensoße, der Geschmack ist heute durchaus annehmbar und ich esse meinen Teller leer.

Meine Frau kommt mich um 14.20 Uhr besuchen und bringt – schon obligatorisch – eine Brezel, 1 Rumwurst und ein Eis vom Kiosk mit. Wir unterhalten uns und ich sage ihr, dass die Isolation und die Infusionen morgen vielleicht passé sind, und sie erzählt mir von der Bürgermeisterwahl und so plätschert die Zeit dahin. Um 15.45 Uhr geht sie wieder, ich schaue fern und dusele anschließend, bis das Abendessen kommt, vor mich hin. Heute sind sie spät dran, 18.15 Uhr, und es kommen 3 Scheiben gekochter Schinken, 1 Frischkäse, 20 Gr. Butter, 1 Tomate, 2 Scheiben Brot und Pfefferminztee. Von Herrn Ta. hört man heute schon den ganzen Tag viel seltener Hilferufe und Rufe nach der Schwester, ich denke, man hat ihn ganz einfach zeitweise ruhiggestellt, um die Nerven aller zu schonen. Schaue heute Abend das Fußballspiel in *Sport 1* und bekomme anstatt einer Infusion heute eine Bauchspritze verpasst und noch zweimal Blut abgezapft. Esse noch meine Rumwurst und meine Brezel jeweils zur Hälfte und schlafe gegen 23.10 Uhr ein.

DIENSTAG, 08.10.2013

Schwester Ev. weckt heute Morgen erst um 07.00 Uhr und misst Blutdruck (140/80/68), Temperatur (36.8 °), Gewicht (86,2 kg) und sagt mir, dass die Antibiotika-Infusionen ab heute abgesetzt werden – aber sie müsse nochmals einen After-Abstrich fürs Labor machen, was sie auch tut. Sie ergänzt, dass der Abstrich, den sie am 30.09. gemacht hat, von ihr eigenhändig unterschrieben und abgeliefert wurde, jetzt aber nicht mehr auffindbar sei. Ich glaube, ich bin im falschen Film, und male mir aus, was für ein Saustall das sein muss. Ich gehe mich anschließend waschen und überlege mir beim Frühstücken: Einen Zugang für Infusionen hast du immer noch liegen und ich frage mich, warum hat man den nicht gezogen, wenn doch die Infusionen abgesetzt sind? So langsam fange ich auch an, daran zu zweifeln, dass ich diese Woche noch einen Mitarbeiter des sozialen Dienstes wegen meiner Reha zu Gesicht bekomme – geschweige denn nach Hause darf, wie mir Frau Dr. Kra. in Aussicht gestellt hatte. Frau Dr. Lie. kommt um 09.50 Uhr und erklärt mir dass wegen des VRE-Keimes (Vancomycin-resistente Enterokokken – ein pathogener Krankenhauskeim, der unter anderem auch in der intravenöse Antibiotika-Therapie seine Ursache hat) nochmals ein Abstrich gemacht werden musste. Die ganze Litanei hat man mir am 30.09. schon einmal vorgebetet und ich bin mir gar nicht mehr sicher, wem ich hier was glauben soll oder kann. Claudia und Willi kommen, bringen die LAZ von heute, und wir unterhalten uns. Nach 45 Minuten gehen sie wieder. Das Mittagessen kommt, es ist heute nur lauwarm – 6 Fleischbällchen, Brokkoli mit Tomatensoße, Pfanni-Glattstrich, rote Grütze. Ich esse nur den Brokkoli, die rote Grütze, die halbe Rumwurst und die halbe Brezel, die ich von gestern noch im Nachttisch liegen habe. Um 14.00 Uhr kommen Doris und Ludwig aus Gernsheim – sie bleiben, bis um 15.00 Uhr Klaus kommt, dann verabschieden sie sich. Dass sie mich besucht haben, hat mich sehr gefreut und mir gezeigt, dass ich doch eine gewisse Wertschätzung bei ihnen genieße. Klaus und ich unterhalten uns über die Volksbühne, den Gesangsverein und die Bürgerinitiative, bis das Team, das eine Herz-Ultraschalluntersuchung machen will, um 16.25 Uhr ins Zimmer kommt. Klaus geht wieder und das Team um Dr. Sa. sagt mir, dass ich mir keine Gedanken zu machen brauche, die

Herzklappen einwandfrei und regelmäßig arbeiten, dass also alles okay ist. Als sie um 16.50 Uhr gehen, bin ich wieder alleine mit all meinen Gedanken und Zweifeln. Ein Herr Kul. vom sozialen Dienst ruft um 17.00 Uhr an, um mir mitzuteilen, dass, solange die Indikation des VRE-Keimes nicht endgültig geklärt sei, das Einverständnis einer Reha-Klinik schwerlich – wenn nicht sogar gar nicht – zu erhalten sei. Diese Mitteilung bringt mich wirklich zum Kochen – ich bin wütend und grumplich wie ein ungebügeltes Bettlaken ob dieser Aussichten, warte aufs Nachtessen, schlinge es runter nehme 3 verordnete (für oder gegen was?) Tabletten und 1 Marcumartablette sowie 1 Schlaftablette, schalte keinen Fernseher ein, weil ich stinkig bin wie die Sau, und schlafe gegen 21.50 ein.

MITTWOCH, 09.10.2013

Trotz der Schlaftablette habe ich bis 00.50 Uhr schlecht geschlafen ob der *Schwester!*-Rufe, dann nochmals eingeduselt und wegen der *Schwester!*-Rufe ab 04.50 Uhr wach gelegen. Um 06.20 Uhr kommt Schwester? misst Blutdruck (140/80/72), heute keine Temperatur, Gewicht 85,7 kg, und ich frage sie, ob ich heute endlich einmal duschen könne, kriege aber keine Antwort. Auf meine erneute Frage entgegnet sie, sie müsse erst nachfragen. Ich bin schon bald so weit, dass ich einfach packe und mich in Ludwigshafen oder Worms zur endgültigen Nachsorge anmelde. Hier drin weiß die Linke nicht, was die Rechte tut – vom Assistenz- bis zum Stationsarzt. Ich telefoniere in meiner Verzweiflung mit meiner Tochter und mit meinem Hausarzt – der mich dann wieder ein bisschen von der Decke holt. Dann Breakfast-time und ich trinke heute einmal eine Tasse richtigen Kaffee anstatt des Muckefucks. Um

09.30 Uhr kommt der Physiotherapeut; heute laufen wir Treppen, machen anschließend Atemübungen mit dem Triflex und die Luft ist mir ganz schön knapp.

10.30 Uhr, Frau Dr. Lie. und Herr Dr. Da. kommen zu Visite, zapfen Blut ab und sagen mir, dass das Wasser in der Lunge kontinuierlich abnehmen würde. Ich sage ihr, dass ich mit meinem Hausarzt gesprochen hätte und der sie im Laufe des Tage zurückrufen würde. Sie entgegnet mir daraufhin gleich, dass sie wegen des Keims mit dem Labor noch mal Rücksprache halten werde, schaut sich die OP-Narbe an und gibt fürs Duschen grünes Licht. Nachdem beide gegangen sind, setze ich mich auf die Bettkante, telefoniere mit meiner Frau und schreibe dann weiter Tagebuch, auf dass ich ja nichts vergesse. Dann lege ich mich wieder ins Bett, ich bin müde, denn ich habe ob der dauernden Rufe von Herrn Ta. insgesamt nur etwa 3 Stunden geschlafen heute Nacht. Das Mittagessen ist heute ganz passabel: gefüllte Kalbsrolle mit Soße und Salzkartoffeln ohne Salz, dazu Erbsen- und Karottengemüse – durchaus essbar. Meine Frau und – Überraschung! – unsere Tochter besuchen mich. Keine 5 Minuten später werde ich ohne irgendeine Vorankündigung zum Ultraschall abgeholt. Eine solch saudumme Logistik kann, wer immer die auch veranlasst hat, nur hier im Klinikum passieren. Unsere Tochter möchte ein klärendes Gespräch mit der Stationsärztin Frau Dr. Lie. haben, diese verweigert es jedoch, obwohl in der Tür zu meinem Zimmer stehend, einfach und ist, wie mir meine Frau und unsere Tochter nach meiner Rückkehr um 15.35 Uhr mitteilen, auch 30 Minuten später nirgends auf der Station auffindbar. Auch ich bin stinkig, denn laut Sonographie befindet sich noch genauso viel Wasser in der Lunge wie vor 2 Wochen. Wir unterhalten uns kurz darüber, aber unsere Tochter muss nach Hause und Frau

Dr. Lie. ist nicht zu sprechen. Ich gebe meiner Frau das bisher geschriebene Tagebuch mit, auf dass es hier keine Füße bekommt, sollte irgendjemand aus Versehen in die Versuchung kommen, darin zu lesen, während ich bei irgendeiner Untersuchung bin. Um 16.15 Uhr gehen beide dann wieder. Ich bin überhaupt nicht gut drauf und warte mit einer gewaltig dicken Krawatte wegen diese Chaotenhaufens auf das Nachtessen. Würge es ohne jeglichen Appetit hinunter und schaue fern, bis ich um 19.50 Uhr 2 Bauchspritzen bekomme – verlange 1 Schlaftablette und schlafe wegen des ganzen Hickhacks doch erst gegen 02.00 Uhr ein.

DONNERSTAG, 10.10.2013

Heute hat unser Sohn Geburtstag. Wirklich nicht gut geschlafen – um 07.25 Uhr werde ich geweckt, Blutdruck wird gemessen (110/60/68), Temperatur (36.3 °), Gewicht 85,7 kg, dann inhaliere ich 15 Minuten lang und gehe – zum ersten Mal seit dem 26.08. – wieder duschen. 20 Minuten später fühle ich mich wie neugeboren und frühstücke heute Morgen mit ausgesprochener Freude. Um 09.30 Uhr kommt der Physiotherapeut, heute spielen wir Fußball im Zimmer, machen Kniebeugen, Armstützen, Atem- und Gleichgewichtsübungen, und ich muss währenddessen nicht ein einziges Mal husten.

Ich sitze dann am Tisch und schreibe wieder Tagebuch, bis das Mittagessen kommt. Heute Putengeschnetzeltes, Pellkartoffeln, Blattspinat und sehr gewöhnungsbedürftig. Frau Dr. Lie. und Frau Dr. Kra. machen Visite und sprechen mit mir ca. 40 Minuten über die Abstriche und die Reha; mir platzt heute einfach der Kragen und ich rede Tacheles über die ganze Situation mit ihnen und ihrer Station und man verspricht mir, sich unverzüglich um alles zu kümmern. Als sie wieder gehen, ist mein Mittagessen kalt. Um 14.30 Uhr kommt meine Frau, bringt mir Eis, 1 Brezel und 1 Paar Rumwürste mit, ich erzähle ihr, was heute alles so gelaufen ist, und um 16.10 Uhr lässt sie mich wieder alleine – aber nicht lange, denn dann kommt mich Partner Peter für 1 Stunde besuchen. Wir quatschen über mein Befinden, über seine Auftritte und über ein gemeinsames neues Programm für 2014 und verabschieden uns zuversichtlich voneinander. Das Nachtessen wartet schon – 2 Scheiben Rotwurst, 2 Scheiben Käse, 2 Scheiben Brot, 1 Apfel und heute Hagebuttentee. Um 19.30 Uhr bringt Schwester Je. 1 Marcumar- und 1 Schlaftablette – die brauche ich wegen Herrn Ta.! Ich schaue nur kurz fern heute und schlafe gegen 23.00 Uhr ein.

FREITAG, 11.10.2013

Heute Nacht habe ich seit Langem wieder einmal sehr gut und fest geschlafen und nachdem Blutdruckmessen (110/65/68), Temperaturmessen (36,2 °) und Wiegen (85,4 kg) um 06.40 erledigt sind, gehe ich mich waschen – heute nicht am Waschbecken, sondern in der Dusche. Ich trage etwas von meiner selbstgemachten Ringelblumensalbe auf die OP-Narbe auf und ziehe meinen Jogginganzug an. Dann geht es auch schon los – die Schwester kommt mit Frau Dr. Lie., die mir Blut abnimmt, um eine neue Blutkultur fürs Labor anzulegen, und nach dem Frühstück kommt um 09.50 Uhr der Physiotherapeut. Er macht Atemübungen mit mir, lässt mich inhalieren und ich kriege ganz passabel Luft heute Morgen und muss kaum husten. Um 10.25 Uhr, als Frau Dr. Kra. und Frau Dr. Lie. zur Morgenvisite kommen, geht er wieder. Frau Dr. Kra. sagt mir, dass das Labor den Keimtest positiv getestet hätte und man bezüglich eines Rehaplatzes ab dem 21.10. mit Herrn Kul. vom sozialen Dienst gesprochen hätte. Als ich interveniere wegen der mangelhaften Informationen und Bereitschaft, mit Angehörigen zu sprechen oder zu telefonieren, wird Frau Dr. Lie. ungehalten: Sie arbeite schließlich auch jeden Tag 12 Stunden und am Telefon würde sie mit Angehörigen schon gar nicht sprechen. Auch habe sie meinem Hausarzt nicht gesagt – als dieser angerufen hat –, dass der Krankenhauskeim mit Antibiotika behandelt werde. Ich werde informiert, dass die Schmerztabletten abgesetzt und die Entwässerungstabletten umgestellt würden, um die Resteinlagen Wasser bis Dienstag kommender Woche aus der Lunge zu bekommen. Danach gehen beide aus dem Zimmer und ich bin total down – weil mir, wie in diesem Sauladen eigentlich üblich, niemand nix plausibel erklärt hat, außer dass sich dieser Keim ganz normal bei jedem Menschen im Darm befindet. Aber warum und wieso ich isoliert liege und man mich mit Schutzkleidung besuchen muss und an diese Anweisung sich selbst Krankenhauspersonal oft nicht hält, das weiß ich immer noch nicht – nur dass er gefährlich für frisch operierte und immunschwache Mitpatienten sei.

Das Mittagessen kommt um 11.50 Uhr, mediterraner Feuertopf mit 2 Debreziner Würstchen – vom Geschmack her das Beste, was ich in den letzten Tage gegessen habe. Danach lege ich mich aufs Bett und grüble vor mich hin, bis meine Frau kommt und mir Brötchen und Fleischsalat mitbringt. Sie merkt sofort, dass irgendetwas mit mir los ist, und versucht mich, nachdem ich sie informiert habe, aufzurichten. Das gelingt ihr aber nur teilweise, und nach wortkargen 60 Minuten geht sie um 16.10 Uhr wieder nach Hause. Durch die Schwester lasse ich dem Küchendienst Bescheid sagen, dass ich das Nachtessen heute abgeblasen habe – ich esse stattdessen mein Brötchen und den Fleischsalat. Kriege um 19.20 Uhr meine Tabletten, heute allerdings keine Marcumar und auch keine Bauchspritze, dafür aber eine Schlaftablette. Die nehme ich dann gegen 21.15 Uhr, schaue noch ein bisschen Fußball und nachdem Schwester Je. um 22.50 Uhr noch einmal reingecheckt hat, schlafe ich gegen 23.30 Uhr ein.

SAMSTAG, 12.10.2013

Die Schlaftablette von gestern Abend hat gewirkt. Ich habe noch fest geschlafen, als mich Schwester Al. um 06.50 weckt, Blutdruck (110/60/64) und Temperatur (35.8 °) misst und mich wiegt (82,4 kg). Dann mache ich heute, mit den letzten Coregatabs, mal wieder Zahnhygiene, stelle mich unter die Dusche und schlüpfe dann in meinen Jogginganzug, inhaliere mit dem Triflexgerät und telefoniere mit meiner Frau. Bitte sie, wenn sie heute kommt, Haaröl und Coregatabs mitzubringen. Dann plätschert der Morgen so dahin – ruhig, denn von Herrn Ta. ist schon seit zwei Tagen kein Ton mehr zu hören und es fällt auf, dass die Hilferufe und die Rufe nach der Schwester fehlen. Auf meine Frage sagt mir Schwester Al., dass man ihn wieder in das Heim gebracht hätte, aus dem man ihn eingeliefert hätte. Dann falle ich über das Frühstück her, das mittlerweile gebracht wurde. Heute 2 Brötchen, Honig, Marmelade, 20 Gr. Butter, 1 Apfel, 2 Tassen Milchkaffee, und dabei ich nehme meine Tabletten – nur noch 3 anstatt vorher 6 – ein. Heute ist mal wieder Samstag – Ruhetag, keine Putzfrau, keine Visite, keine physiotherapeutischen Anwendungen: Gammeltag. Der Morgen plätschert so dahin bis zum Mittagessen um 11.45 Uhr – 1 lauwarme Fri-

kadelle, Brokkoligemüse, Pfanni-Glattstrich und 1 Naturjoghurt. Es schmeckt – wie immer – kerzengerade hinaus,
aber der Hunger treibt es schließlich dann doch hinein,
und zwar alles.

Um 14.05 Uhr kommt meine Frau, bringt außer den
Tabs und dem Haaröl auch noch ein Eis und geröstete Erd-
nüsse mit und wir unterhalten uns ganz allgemein: darüber, wie es nun wohl weitergehen wird, ob und wann ich
endlich nach Hause oder gleich in die Reha gehen kann,
was es nun endgültig mit dem Keim auf sich hat usw. usw.
Um 16.09 Uhr verabschiedet sie sich und wir sind beide –
gezwungenermaßen – guten Mutes. Ich setze mich an den
Tisch, schreibe weiter in meinem Tagebuch, bis um 17.50
Uhr das Nachessen gebracht wird: 1 gekochtes Rippchen
(ca. 6 mm dick), 1 Scheibe Brot und Pfefferminztee – Obst
gibt es heute nicht. Dann ab in den Schlafanzug und ins
Bett – keine Bauchspritze, keine Tabletten, nur Fernsehen
bis zum Abwinken. Gegen 01.00 Uhr schalte ich den Fernseher dann aus und schlafe kurz darauf ein.

Sonntag, 13.10.2013

Wecken durch Schwester Je. um 06.40 Uhr – Blutdruckmessen (150/70/68), Temperaturmessen (36.3), Wiegen
(84,7 kg). Die 82,4 kg von gestern sind Blödsinn, aber
nicht das erste Mal, dass man verkehrt gewogen oder ab-
gelesen hat. Nachdem Schwester Je. vergeblich versucht
hat, mir Blut abzuzapfen, kommt Frau Dr. Lie. (Sonntags-
dienst!!!) und erledigt das – klärt mich gleichzeitig nochmals über den VRE-Keim auf und sagt, sie würde mir
morgen eine Broschüre mit ausführlichen Informationen
über diesen VRE-Keim zukommen lassen. Heute bitte ich
wieder um ein Vitalfrühstück mit Müsli und Milchkaffee,

nehme meine 3 Tabletten ein und telefoniere mit unserer Tochter. Dann sitze ich wieder am Tisch und schreibe am Tagebuch weiter und ich hoffe, dass ich nicht mehr allzu lange Notizen zu machen brauche. Um 11.50 Uhr kommt das Mittagessen Spaghetti mit ?????, schmeckt bäääh, und ich stochere nur im Teller herum, werde davon aber auch satt. Meine Frau kommt um 13.50 Uhr, bringt das obligatorische Eis und die *Bild*-Zeitung mit. Sie bleibt heute nicht lange, geht um 14.45 Uhr schon wieder, denn sie will noch auf den Geburtstag ihres Patenkindes gehen. Da mir unsere Tochter vor einigen Tagen einen Internet-Stick für den Laptop gebracht und auch bezahlt hat, surfe und google ich eine halbe Stunde im Internet, schalte dann den Fernseher ein und glotze mir viereckige Augen an, bis das Nachtessen um 17.50 Uhr auf seine Vernichtung wartet. 2 Scheiben Brot, 8 Scheiben Lachsschinken, 1 Gewürzgurke, Tomaten, Zucchinisalat und Pfefferminztee. Danach google ich noch ein Weile, schalte dann den Fernseher ein, nehme eine ¾ Marcumartablette ein und schaue, bis ich kurz vor 24.00 Uhr einschlafe, fern.

MONTAG, 14.10.2013

Schwester He. weckt mich um 06.50 Uhr Blutdruck heute Morgen eigentlich optimal: 120/60/68 – Temperatur 36.3 ° und Gewicht 83,7 kg. Dann heißt es rasieren, duschen und frühstücken und eine Schmerztablette wegen des linken Schultergelenkes einnehmen. Um 09.25 Uhr kommt Frau Lang mit dem Physiotherapeuten und es folgen Schulter- und Brustkorbmassage, Zimmerfußball, Auf-dem-Strich-Gehen (Gleichgewicht koordinieren), Blutdruckmessen (130/70), dann verabschieden sich beide bis morgen und ich schnaufe leichter, als ich es erwartet hatte.

161

Ich lege mich aufs Bett, warte auf einen Anruf von Herrn Kul. vom sozialen Dienst.

Um 10.50 Uhr kommen Frau Dr. Kra. und Frau Dr. Lie. zur Visite – es wird noch mal ein EKG gemacht und die Fäden an der OP-Narbe gezogen. Als die beiden wieder gegangen sind, merke ich, dass ein Faden vergessen wurde, und sage das der Schwester. Um 11.25 Uhr kommt das Mittagessen, Kaiserschmarren und Apfelkompott – keine Offenbarung, aber durchaus vertilgbar. Nach dem Essen schreibe ich eine Zeit lang – lege mich dann aufs Bett döse vor mich hin und warte auf meine Frau, die dann um 14.10 Uhr kommt. Wir unterhalten uns und ich sage ihr, dass ich die Hoffnung habe, morgen vielleicht entlassen zu werden. Als Schwester He. kommt, um den vergessenen Faden an der OP-Narbe zu ziehen, geht meine Frau wieder, bevor es anfängt zu regnen, denn draußen ziehen dunkle Regenwolken auf. Ich google noch bisschen und um 17.20 Uhr wird das Nachtessen gebracht: 4 Scheiben Bierwurst, 2 Scheiben Käse, 2 Cocktailtomaten, 2 Scheiben Brot und Pfefferminztee. Ich lasse mir heute Abend beim Essen Zeit und schaue fern, nehme meine Tabletten, die mir Schwester Je. gerichtet hat, und schlafe irgendwann gegen 23.00 Uhr ein.

DIENSTAG, 15.10.2013

Um 07.00 Uhr werde ich von Schwester He. geweckt und ich habe noch fest geschlafen. Sie misst Blutdruck (110/50/64) und meint, etwas höher dürfte er schon sein – Temperatur wird nicht gemessen, aber gewogen. Die 80,0 kg bezweifle ich für mich, denn 3,7 kg an einem Tag abnehmen geht in meinem Zustand garantiert nicht. Ich verschlafe anschließend sogar das Frühstück, weil ich noch einmal fest eingeschlafen bin. Der Küchenservice weckt mich zum Mittagessen – ich habe aber keinen allzu großen Appetit und esse fast nichts. Claudia und Willi besuchen mich und bringen mir Lektüre mit: *Geschichten aus der arschlochfreien Zone* von Dieter Moor. Als Frau Dr. Lie. um 15.40 nochmals ins Zimmer kommt, um Blut abzunehmen, gehen beide wieder, und Frau Dr. Lie. sagt mir, dass mit dem 2. Ergebnis der Blutkulturen erst am Donnerstagmittag gerechnet werden könne. Ich mache ihr klipp und klar, dass ich am Donnerstag Mittag lange zu Hause bin und es ginge mir mittlerweile irgendwo vorbei, ob die Ergebnisse vollständig vorliegen oder nicht. Kleinlaut, wie ich sie nie erlebt habe, meint sie, dass sie das alles mit der Oberärztin Frau Dr. Kra. erst abklären müsse. und ich sage ihr, dass ich Frau Dr. Kra. heute Mittag noch unbedingt sprechen möchte. Aber keine Frau Dr. Kra. lässt sich an diesem Nachmittag mehr blicken – man richtet mir aus, zwischen 15.00 und 16.00 Uhr sei ultimo – was ich letztendlich so verstehe, dass sie in dieser Zeitspanne Feierabend und keine Visiten macht.

Frustriert schreibe ich mir das alles in meine Notizen, schalte dann den Fernseher ein und schaue, erst bis zum Nachtessen – 4 Scheiben Schwartenmagen, 2 Scheiben Brot, 1 Gewürzgurke, 1 Tomate und Pfefferminztee, dann bis in die Puppen Sportsendungen. Nehme zwischendurch 1 Marcumartablette ein, die mir Schwester Je. gebracht hat, und schlafe gegen 24.00 Uhr ein.

MITTWOCH, 16.10.2013

Werde um 06.50 Uhr geweckt – Blutdruck gemessen 110/60/672 – Temperatur 36.1 ° und Wiegen 81,7 kg. Ich gehe mich rasieren und duschen und warte auf das Frühstück, das dann um 08.15 Uhr auch kommt. Heute esse ich 2 Brötchen, Honig, Marmelade, Butter, trinke 2 Tassen Milchkaffee und um 09.30 Uhr kommt der Physiotherapeut zur Schultermassage, spricht anschließend mit mir die Vorgaben für zu Hause durch und verabschiedet sich herzlich von mir. Nachdem noch einmal Blut abgenommen wurde, richte ich meine Sachen einstweilen – ich räume den Schrank, packe Tasche und Koffer und warte auf die Visite. Um 12.40 Uhr gebe ich vorne bei den Schwestern Bescheid, dass der Entlassungsbrief gerichtet wird, dann kommt um 12.55 Uhr Frau Dr. Lie. und sagt mir, dass die Blutkulturen o. B. seien und nur noch wenig Wassereinlagerungen in der Lunge. Ich solle die nächste Zeit täglich 1,5 bis 2 Liter Wasser trinken, da ich während der letzten 10-12 Tage nicht allzu viel Flüssigkeit zu mir genommen hätte und doch ziemlich ausgetrocknet sei. Sie käme später, zwischen 15.00 und 16.00 Uhr, mit Frau Dr. Kra. noch einmal vorbei, um sich endgültig zu verabschieden. Es ist mittlerweile 14.20 Uhr und ich rufe umgehend meine Frau an und sage ihr Bescheid – sie soll sofort ins Auto steigen und mich holen kommen. Dann richte ich alles so hin, dass es ruck, zuck ins Auto getragen werden kann. Um 15.10 kommt meine Frau – wir tragen alles ins Auto, und als wir zurück sind, kommen auch Frau Dr. Kra. und Frau Dr. Lie., die sich im Zimmer bei meiner Frau noch mal für alle Unannehmlichkeiten formell entschuldigt. Genauso formell verabschieden wir uns voneinander, Frau Dr. Kra. sagt mir noch, dass sich der INR-Wert, der die Marcumardosis bestimmt, zwischen 2,5 und 3,5 bewegen sollte. Den Entlassungsbrief bekomme ich von keinem der Ärzte ausgehändigt – oh nein, den muss ich mir bei den Schwestern vorne an der Theke abholen. Danach gehen wir, und das bestimmt nicht mit Wehmut, ein letztes Mal den roten Steg hinunter zur Straße am Neckarufer, weiter auf den Parkplatz, ins Auto, und die Odyssee, die am 28.07. begann, hat Gott sei Dank am 16.10. vorläufig, jedoch nicht endgültig, ein Ende genommen. Zügig und sicher fährt mich meine Frau in Richtung Heimat, und als ich dann unseren Kirchturm sehe, kann ich die Tränen einfach nicht unterdrücken, weil ich registriere, dass ich wieder zu Hause bin.

Es sollten noch 21 Tage Aufenthalt in einer südhessischen Reha-Klinik folgen, die mich trotz eines diagnostizierten VRE-Krankenhauskeimes aufgenommen hat. Die wenigen Anwendungen, Gespräche u. Ä., die in dieser Klinik nicht zu meiner Zufriedenheit gelaufen sind, brauche ich nicht detailliert aufzuführen, weil nicht erwähnenswert – denn ich fühlte mich in diesem Hause fürsorglich behandelt und ärztlich sehr gut versorgt.

Vielmehr danke ich an dieser Stelle unserem bundesdeutschen Gesundheitssystem, ohne das ich finanzielle Belastungen und irgendwann Schmerzen hätte aushalten müssen, kein lebenswertes Leben mehr führen könnte oder eventuell schon lange den allbekannten Löffel abgegeben hätte – hätte (!!!) mich der Augenarzt Dr. Groh, der am 28.07.2013 in Bensheim/Bergstr. zu unser aller Wohl seinen sonntäglichen Notdienst ausübte, mich nicht vehement aufgefordert, unverzüglich – weil jede Minute zähle – die Augenklinik in Mannheim aufzusuchen.

Nach meinem Aufenthalt in all diesen Kliniken will und muss ich, trotz aller Unwägbarkeiten, doch feststellen, dass wir in Deutschland auf einem hohen Niveau jammern – obwohl wir, global gesehen, die wohl beste medizinische und pflegerische Betreuung in der Allgemein- sowie in der Fachmedizin zur Verfügung haben, die man sich als Patient nur wünschen und die im sozialen Verständnis von der Allgemeinheit auch gestemmt werden kann.